BENNY HINN

MISTERIOS DE LA UNCIÓN

CASA
CREACIÓN
Para vivir la Palabra

Para vivir la Palabra

MANTÉNGANSE ALERTA;
PERMANEZCAN FIRMES EN LA FE;
SEAN VALIENTES Y FUERTES.
—1 CORINTIOS 16:13 (NVI)

Los misterios de la unción por Benny Hinn
Publicado por Casa Creación
Miami, Florida
www.casacreacion.com
©2022 Derechos reservados

ISBN: 978-1-955682-44-2
E-book ISBN: 978-1-955682-45-9

Desarrollo editorial: *Grupo Nivel Uno, Inc.*
Adaptación de diseño interior y portada: *Grupo Nivel Uno, Inc.*

Publicado originalmente en inglés bajo el título:
Mysteries of the Anointing
por Charisma House
Lake Mary, Florida 32746
© 2022 by Benny Hinn

Visite el sitio web del autor en bennyhinn.org.

Impreso en Colombia

23 24 25 26 LBS 9 8 7 6 5 4 3 2

CONTENIDO

PRIMERA PARTE: UNGIDO PARA VIVIR

SEGUNDA PARTE: UNGIDO PARA EL MINISTERIO

TERCERA PARTE: UNGIDO PARA PROFETIZAR

PRIMERA PARTE

UNGIDO PARA VIVIR

Capítulo 1

BIENVENIDOS A *LOS MISTERIOS DE LA UNCIÓN*

NECESITAMOS DESESPERADAMENTE LA unción del Espíritu Santo y la necesitamos hoy mismo. Su poder puede ser imitado, pero nunca duplicado. Debemos tener la presencia insustituible de la unción, esa que ningún otro esfuerzo religioso ni búsqueda espiritual puede igualar. Ese equipamiento indispensable para la vida del creyente es malinterpretado a menudo e históricamente poco enseñado. El propósito de este libro es revelar los misterios de la unción que desatarán el poder de Dios que ha de moverse en tu vida de una manera evidente.

La Escritura confirma al creyente en Jesús como rey y sacerdote ante Dios. La unción se nos da con el fin de que nos elevemos al lugar del supremo llamamiento y seamos todo lo que Dios ha prometido que podemos ser. La unción inicia y confirma nuestra posición en Cristo Jesús.

Charles Spurgeon, en su obra *El tesoro de David*, plantea lo siguiente sobre el Salmo 23 diciendo: "Todo cristiano es un sacerdote, pero no puede ejecutar el oficio sacerdotal sin la unción; por lo tanto, debemos acudir día tras día a Dios y al Espíritu Santo, para que nuestras cabezas sean ungidas con aceite. El sacerdote sin el aceite de la unción pierde la principal calificación para su oficio, por lo que el sacerdote cristiano carece de su principal idoneidad para el servicio si está desprovisto de esa nueva gracia".[1]

En las últimas décadas hemos visto el surgimiento de buscadores de Dios sensibles, en diversas iglesias y ministerios, que casi se avergüenzan de la unción del Espíritu Santo y los dones que Dios concede. La unción ha sido oculta y cubierta, y una generación superficial e impotente de creyentes ha reemplazado a aquellos seguidores de Cristo llenos del poder del Espíritu Santo. Dios va a rescatar a esta generación y a restaurar su iglesia con gran poder.

Este libro contiene el antídoto contra el virus que ha debilitado al cuerpo de Cristo. La unción de Dios es lo que se requiere para liberar a las densas masas de esta generación atada y oprimida. Por tanto, prepárate para que Dios te encienda con fuego. La unción de Dios nutre el fuego del Espíritu Santo. Así que abre tu corazón a un nivel más profundo de la poderosa unción de Dios y prepárate para arder con una nueva pasión por Dios y por su propósito para tu vida.

Después de casi cuatro décadas de un ministerio poderoso, pasé por la temporada más dolorosa de mi vida. Los ministros y creyentes no están exentos de ser blanco del dolor mental, físico o emocional. Dios nunca prometió que no pasaríamos por tiempos difíciles. Lo que él prometió es que no los atravesaríamos solos. Por eso nos da la garantía —confirmada por su Palabra— de que nunca nos dejará ni nos abandonará.

Ese tiempo en mi vida fue una experiencia terriblemente dolorosa para mi familia. Dios a veces tiene que sacarnos de la cima de la montaña y ponernos en el valle del dolor para impartirnos enseñanzas sumamente valiosas. El valle que recorrimos duró tres largos años. Mi esposa, Suzanne, sufrió una crisis personal que se remontaba a décadas atrás. Dios la vio a ella y a nuestra familia a través de todo. Suzanne ha hablado de ese triunfo con numerosos creyentes y muchos se han sentido alentados y fortalecidos por su historia.

A través de esa dolorosa temporada aprendí que hay diferencias en la forma en que Dios usa su unción en nuestras vidas. Hay diversas unciones que fluyen a través del pueblo de Dios. No me di cuenta de eso hasta que pasé por ese momento extremadamente difícil. No descubrí eso en ninguna escuela. Solo el Espíritu Santo podría haberme revelado esas cosas. Noté que podía ministrar bajo la unción y que el ministerio no se vio afectado en lo absoluto, aunque en casa mi vida personal estaba librando una gran batalla.

Como resultado, comencé a cuestionarme. Me preguntaba cómo era posible que la lucha que enfrentaba en mi propia vida e incluso la que sostenía en mi espíritu no afectaban la unción para ministrar en nuestros servicios en vivo. Luego, para mi asombro, aprendí que la que yace sobre mi ministerio no tiene nada que ver con la unción en mi vida. La que tengo en mi ser está separada de la del ministerio.

Empecé a escudriñar las Escrituras. El Señor dijo: "De lo más profundo de tu ser correrán ríos". No dijo un río. No dijo dos o tres ríos. Dios dijo ríos. Nunca nos dijo cuántos. Todavía estoy descubriéndolos. Tuve que pasar por esa dolorosa etapa de mi vida para poder darme cuenta de que hay muchos ríos de la unción. Más tarde, el Señor restauró mi vida espiritual, emocional y físicamente, pero ese período fue una experiencia de gran aprendizaje. Me alegra mucho que no hayan sido años perdidos. Dios puede usar el dolor en nuestras vidas para nuestro crecimiento. Dios no desperdicia nuestro dolor.

La Palabra de Dios, en Romanos 8:28, promete: "Ahora bien, sabemos que Dios dispone todas las cosas para el bien de quienes lo aman, los que han sido llamados de acuerdo con su propósito".

Puedo decirte esto: si no hubiera pasado por esa dolorosa temporada, no estaría escribiendo este libro. Estoy escribiéndolo porque he predicado este mensaje en todo el mundo, he descubierto que esta no es una revelación ampliamente conocida. He encontrado que esta iluminación del Espíritu Santo con respecto a los muchos ríos de la unción es un concepto nuevo para el pueblo de Dios. Es revelador para mí, y nunca antes lo había leído en un libro ni lo había enseñado.

Así que, ahora, sumerjámonos en lo profundo y descubramos los ríos de la preciosa unción de Dios.

Capítulo 2

ENTIENDE *LOS MISTERIOS* DE *LA* UNCIÓN

S OMOS ESPÍRITU. Tú eres espíritu.

Deja que eso se afirme en ti por un momento. No eres alma. No eres cuerpo. Eres espíritu. Tienes un alma. Vives en un cuerpo. Pero eres espíritu. Eso es lo que eres. Tu cuerpo no es tu verdadero yo. El verdadero tú es tu espíritu.

En el momento de tu salvación, sucedió algo dinámico. La persona del Espíritu Santo se hizo uno con tu espíritu. La Escritura es clara al respecto en 1 Corintios 6:17, donde dice: "El que se une al Señor se hace uno con él en espíritu". Cuando el Espíritu Santo y tu espíritu se hicieron uno, en ese momento surgió la vida, el renacimiento, la limpieza, la renovación y la regeneración. En el momento en que se dio esa unidad entre el Espíritu Santo y tu espíritu, se desató una fuerza poderosa. Esa fuerza dentro de nosotros es lo que llamamos unción.

La unción de Dios es un tema muy extenso. Su estudio es casi interminable puesto que tiene muchas corrientes; un libro no puede contener toda esa información. Sin embargo, a lo largo de estas páginas plantearé algunos asuntos ocultos e intrigantes que yacen en la Biblia. Yo los llamo "misterios de la unción". Así que exploro por qué ocurrieron ciertas cosas en la vida del Señor Jesús, Moisés, David y Pablo de la manera en que sucedieron. Tal vez también te hayas cuestionado en cuanto a algunas de esas cosas que ocurrieron con ellos. Son misterios, sí. Pero en la Biblia hay una respuesta para cada misterio.

En tanto recorras las tres secciones del libro, notarás una progresión. Al explorar los componentes de la unción, verás que hay algunos niveles que van profundizando más y más. A medida que avances observarás que, a más profundidad, hay menos personas que operan en cada uno de esos niveles de unción.

Así que comenzamos con la unción interna que todos reciben en el momento de la salvación y luego progresamos a la externa. Esta última está reservada para aquellos a quienes Dios se la confía, aquellos que han decidido dedicar sus vidas a convertirse en vasos de Dios consagrados al servicio de él. También exploraremos la venidera unción de Elías para las naciones, que muy pocos han tenido alguna vez.

La mayoría de las personas no saben que la unción existe ni, si lo saben, por qué existe. Es un enigma. Mi objetivo es ayudarte a navegar a través de este tema desafiante al compartir la Palabra de Dios y las experiencias que he tenido en más de cuarenta años de ministerio. Juan 8:32 nos dice: "Conocerán la verdad, y la verdad los hará libres". La única verdad que te hará libre es la que conoces a fondo. A medida que avances en esta lectura, lo que entiendes de la unción crecerá de modo que seas más competente en lo que respecta a tu unción, como instrumento de Dios bien sincronizado con sus instrucciones.

También he tenido el privilegio de estar cerca de algunas de las personas más notables que jamás hayan existido y he visto directamente la manera en que Dios las usó. Aprendí mucho trabajando con la Fundación Kathryn Kuhlman por cuatro años y también a través de mi estrecha amistad con Rex Humbard y con Oral Roberts. Probablemente he hablado con Oral Roberts más que con cualquier otro ser humano sobre los misterios de este libro. En sus últimos años, iba a su casa casi todas las semanas y pasábamos horas y horas juntos.

No puedes estar cerca de personas como esas y no aprender algo. No puedes estar en tu propio ministerio por décadas y tampoco aprender algo. La huella de ellos ciertamente está en estas páginas como lo está en cada aspecto de mi ministerio. Sin embargo, incluso con su compañerismo y su enseñanza, después de décadas de ministerio mundial, no entendía mucho de lo que estoy a punto de hablarte. No fue sino hasta hace unos años que el Señor me dio muchas de estas ideas profundas sobre la unción. No las encontré en ningún libro o enseñanza. Las hallé buscando al Señor y escudriñando su Palabra. Lo que el Señor me reveló después de que fui en busca de respuestas, te lo cuento ahora aquí.

TRES UNCIONES PRINCIPALES

En la Biblia hallamos tres unciones principales: la unción permanente, la unción de poder y la unción de dominio.

1. La unción permanente

> En cuanto a ustedes, la unción que de él recibieron permanece en ustedes, y no necesitan que nadie les enseñe. Esa unción es auténtica —no es falsa— y les enseña todas las cosas. Permanezcan en él, tal y como él les enseñó.
> —1 JUAN 2:27

La unción mencionada en 1 Juan 2:27 es lo que yo llamo la unción permanente. Esta unción es de por vida. Es una unción interior que trabaja desde dentro de ti para profundizar tu comunión con Dios. Al comenzar nuestro viaje, quiero que notes algo que muchas personas pasan por alto. La unción permanente es la que tenemos para *vivir*, no para hacer. Esta unción interior afecta el espíritu de la persona. El énfasis de la unción permanente no es en el alma o el cuerpo.

La unción permanente mora en ti; habita dentro del hijo de Dios. Afecta tu corazón, tu vida, tu caminar con Dios y tu comunión con él. Proporciona la gracia para continuar en las cosas de Dios. Hoy debes saber y ser consciente de que la unción permanente está dentro de ti para enseñarte y ayudarte a establecerte cada día. No estás aislado ni solo. Estás equipado con un flujo continuo de la unción permanente de Dios.

2. La unción de poder

> Pero, cuando venga el Espíritu Santo sobre ustedes, recibirán poder y serán mis testigos tanto en Jerusalén como en toda Judea y Samaria, y hasta los confines de la tierra.
> —Hechos 1:8

La unción que vemos en Hechos 1:8 es exterior. Esta unción poderosa afecta tu ministerio y los dones del Espíritu que posees. Es la unción para el servicio. Ella te brinda la capacidad de compartir el evangelio con otros, ya sea que tengas o no un llamado al ministerio.

Hablaré de ella más a fondo en dos secciones: una para todos los cristianos usados por Dios en el ministerio a otros y otra para aquellos llamados a un oficio o una posición ministerial.

La unción permanente es para la vida diaria y está a la disposición de todos los creyentes. La unción de poder es claramente para el servicio y, por lo tanto, se aplica a aquellos que se han dedicado a servir a Dios en el ministerio a los demás. Afecta el cuerpo y el alma, pero no el espíritu. Es para *hacer*.

No necesariamente afecta la vida cristiana ni el caminar espiritual de una persona. Es un regalo. Esta unción exterior se da a aquellos que muestran ser fieles al Señor. No todos los cristianos eligen servir, por lo que no todos reciben la unción de poder. Discutiré eso más en un capítulo posterior.

3. La unción del dominio

> Acontecerá en aquel tiempo que su carga será quitada de tu hombro, y su yugo de tu cerviz, y el yugo se pudrirá a causa de la unción.
>
> —Isaías 10:27 RVR1960

La unción de dominio de Isaías 10:27 es muy rara aunque poderosa. Esta unción que cambia el mundo afecta específicamente a las naciones; tiene el poder de construir reinos o destruirlos. Muy pocos la tienen, a la que también llamo la unción de Elías. Es la misma que descansó sobre Moisés, Josué, Isaías, Jeremías, Ezequiel, Elías, Eliseo y otros en el Antiguo Pacto. Moraba en individuos que Dios usó proféticamente para levantar reinos o destruirlos.

Creo que estamos entrando en lo que llamo el reino de la unción de Elías. El reino de Elías es uno que rara vez hemos visto en la tierra. Vislumbres y estaciones del reino de la unción de Elías han ido y venido. Muy pronto volveremos a los días de Elías. Esta unción es la única que destruirá el espíritu de Jezabel, que es el mismo de la hechicería. Esta unción no se puede explicar adecuadamente en unas pocas palabras. Dedicaré una enseñanza más completa a esto en un momento posterior.

A medida que avances en este libro, verás que las responsabilidades de cada unción aumentan, al igual que las recompensas en el reino.

La unción es el fundamento de todo lo que Dios te da en la vida. Me tomó mucho tiempo aprender lo que debo hacer para construir una base sólida en mi vida con el fin de que Dios me use y continúe usándome, conocimientos e ideas que relato en este libro. Te salvarán del colapso. Estas ideas te fortalecerán para mantenerte en comunión con nuestro maravilloso Señor Jesús y para que no te desvíes.

Capítulo 3

EL MISTERIO DE LA UNCIÓN PERMANENTE

L A UNCIÓN PERMANENTE descrita en 1 Juan 2:27 es una clave vital para todo este libro, así que lee este versículo ahora. Subráyalo aquí y en tu Biblia. Revela una verdad poderosa que es la base de todo lo demás que Dios te da.

> Pero la unción que vosotros recibisteis de él permanece en vosotros, y no tenéis necesidad de que nadie os enseñe; así como la unción misma os enseña todas las cosas, y es verdadera, y no es mentira, según ella os ha enseñado, permaneced en él.
>
> —1 JUAN 2:27 RVR1960

Analicemos este versículo para entender lo que dice acerca de este nivel de unción, el que te permite permanecer en Jesús dado que él habita en ti. Comienza con: "la unción que vosotros recibisteis *de* él". Lo primero que quiero que notes es la palabra *de*. Juan dice que esta unción la recibiste *de* él, de Dios, es la unción divina; no es la unción misma que es Dios.

Esta unción *de* él es distinta de la que es inherente *de* él, ya que es Dios mismo quien es la unción. La que recibiste *de* él es la unción interior para vivir, descrita aquí en 1 Juan. La que es *de* él es la unción exterior para ministrar, descrita en Hechos 1:8. Hay una razón por la que estas palabras —aunque tan parecidas— no significan lo mismo. Parece simple, pero me tomó años descubrir esto; de modo que cuando lo comprendas, todo tu entendimiento cambiará. Por eso te lo enseño en este libro. La unción para vivir es *de* Dios, es decir, la unción que viene de Dios; la que es para ministrar es la unción *de* Dios, o sea, la unción es el propio Dios.

La frase *de él* significa que él es la fuente. Esta unción *es* él; no es un don *de* él. Permíteme que te muestre lo que quiero decir. Si le digo a alguien: "Quítame esto", significa que tengo eso que le pido que me quite. Si tengo eso es porque alguien me lo puso. Si lo tengo, es porque tuvo un comienzo. Si lo tengo, seguro que ha de tener un final.

Sin embargo, si le digo a alguien: "Toma *esta* característica mía", no puede hacerlo porque eso es parte inherente de mi ser. La unción permanente es *de* él porque *es* él. Él *es* la unción. En el Antiguo Testamento el Señor dijo: "Yo soy", lo que significa que Dios no *tiene* vida; Dios *es* la vida misma. Dios no *tiene* poder; Dios *es* el mismo poder. Hay un poder que él nos da como don, como talento o como regalo, por supuesto. Escribiré sobre eso más adelante. Pero aquí estoy hablando de lo que Dios *es*.

A continuación, este versículo nos dice que esta unción "permanece en vosotros". Esta unción es permanente. No viene y se va. La unción poderosa o de poder de él en Hechos 1:8 no permanece. Dios te unge mientras ministras y cuando terminas de ministrar, te quita la unción. La unción de poder es la que proviene del Señor para un momento determinado, una tarea específica. Es por una temporada y una razón. Por el contrario, la unción permanente no se va; se queda. Permanece y se solidifica; permanece y crece; permanece y produce la revelación de todas las cosas. Sencillamente, *permanece*.

Ten en cuenta que la Biblia dice que la unción permanente está *en* ti. La unción de poder (que es para el ministerio) descansa *sobre* ti. La unción de poder para el ministerio viene después, pero la permanente se adquiere en el momento de la salvación.

La Escritura continúa: "no tenéis necesidad de que nadie os enseñe; así como la unción misma os enseña todas las cosas, y es verdadera, y no es mentira". La unción permanente que entra en tu espíritu y se vuelve una con tu corazón en el momento de la salvación es una unción de revelación. Revela todo acerca de Dios. Es interminable porque te enseña *todas las cosas*.

¿Por qué diría Juan que no necesitas que nadie te enseñe? Tienes que mirar todo el capítulo para que sepas que eso es una advertencia para los creyentes. Te animo a leer 1 Juan 2 completo, pero por razones de espacio, ahora nos enfocaremos en lo que dice Juan en el versículo 26:

> Estas cosas les escribo acerca de los que procuran engañarlos.

Juan estaba advirtiendo que la gente tratará de alejarte de la verdad de lo que Jesús es. *Por eso dice que la unción permanece en ti y no necesitas que nadie te enseñe nada.* La unción permanente te enseña que Jesús, el Hijo de Dios, es exactamente quien dice ser. El Espíritu Santo revela quién es Jesús a nuestros corazones. Esa es la verdad y no es mentira.

En el momento en que eres salvo, el Espíritu Santo se vuelve uno con tu espíritu. Una de las primeras cosas que suceden es que la fe explota en ti. Por el Espíritu Santo, inmediatamente, sabes quién es el Señor Jesús en tu vida. No necesitas que nadie te enseñe quién es él. Por eso nadie puede seducirte. Aunque lo intenten, no pueden tener éxito porque ya tienes la verdad dentro de ti. Jesús es la verdad que yace dentro de ti.

CONTRASTE ENTRE LA UNCIÓN
PERMANENTE Y LA DE PODER

Cuando Juan afirma que esta unción permanente "es verdadera y no es mentira", lo que quiere decir es que no hay engaño en ella. Es para revelación y protección. Te protege del engaño. Es posible que te engañen aun con la unción *sobre* ti, pero no cuando esa unción yace *en* ti. Dicho de otra manera, la unción externa (que da poder) es sensible al engaño; pero la interior (permanente) te protege del engaño.

De modo que cualquiera puede ministrar y predicar el evangelio cuando la unción viene *sobre* esa persona, pero el diablo puede engañarlo. Es posible que alguien sea usado por el Señor y no conozca, en realidad, al Señor. Medita en eso por un minuto. La Biblia dice lo siguiente: "Muchos me dirán en aquel día: 'Señor, Señor, ¿no profetizamos en tu nombre, y en tu nombre expulsamos demonios e hicimos muchos milagros?' Entonces les diré claramente: 'Jamás los conocí. ¡Aléjense de mí, hacedores de maldad!'" (Mateo 7:22-23). Es una verdad asombrosa que una persona puede conocer —y predicar la Biblia— y aun estar bajo la unción para el ministerio y no conocer al Señor. En otras palabras, esa persona no tiene comunión con el Señor, no tiene un conocimiento íntimo del Señor.

El rey Saúl es un ejemplo perfecto de ello. Sabía cómo ser rey, pero no conocía al Señor. David conocía al Señor. Esa es la gran diferencia. Conocer al Señor es la clave. Conocerlo es el fundamento para la vida y el ministerio. La mayor revelación de la vida es tener un conocimiento íntimo del Señor de manera que él sea real para ti y se manifieste en ti.

Pablo habla de la unción permanente cuando dice:

> Al que puede hacer muchísimo más que todo lo que podamos imaginarnos o pedir, por el poder que obra eficazmente en nosotros.
>
> —EFESIOS 3:20

Observa que él dice que obra eficazmente *en* nosotros, no *a través de nosotros.* Efesios 3:20 y 1 Juan 2:27 hablan de la misma unción: la unción interna (permanente) para la vida cristiana.

La unción permanente obra en nosotros; la unción fortalecedora obra a través de nosotros.

La unción permanente es para caminar; la unción de poder es para trabajar.

La unción permanente es para revelación y manifestación; la unción de poder es para demostración.

Con la unción permanente, el Señor se manifiesta en mi espíritu. Él no se manifiesta dentro de mí para que *otros* lo conozcan; se manifiesta dentro de mí para que *yo* pueda conocerlo. La unción de poder es para demostrar que otros también pueden conocerlo.

La verdad de la unción permanente, en 1 Juan, es para revelación. Dios se está revelando a nosotros. También es para la transformación. Nos transforma como cristianos, como servidores de Dios, como individuos.

Por último, 1 Juan 2:27 dice: "Permanezcan en él, tal y como él les enseñó". Esto significa que eso te mantendrá permaneciendo en el Señor. La unción permanente es tan poderosa que enciende el poder permanente de Dios para guardarte. Por tanto, somos guardados por la unción interior.

Tres señales de la unción permanente

Hay tres señales de la unción permanente: hambre, fe y amor. Estas tres cosas surgen en el momento de la salvación, en el instante en que te vuelves uno con el Señor Jesús. Permíteme que te explique.

1. Hambre

Cuando nace un bebé, el pequeñín llega a este mundo con hambre, con deseos de comer. En el ámbito físico, el hambre es el signo de la vida. Es lo mismo en el reino espiritual. En el minuto en que naces de nuevo, te conviertes en uno con Jesús y desarrollas un hambre espiritual. A partir de ese momento, el hambre espiritual forma parte de tu vida. Empiezas a buscar más y más la presencia de Dios a través de su Palabra.

2. Fe

Lo segundo que ocurre en la salvación es una explosión de la fe. Sabes que Jesús es el Hijo de Dios, que murió por tus pecados y que resucitó de entre los muertos. ¿Cómo sabes esa realidad? No necesitas leerlo en un libro. Lo sabes por el Espíritu. El Espíritu Santo te da el conocimiento interno de que le perteneces a él, que él te ama, que el cielo es tu hogar, que hay poder en la sangre para liberarte de toda atadura y que eres redimido. Ese conocimiento interior es la fe. Recibes esa fe que Dios te da y, por lo tanto, no tienes que convencerte de que es real. El Señor se vuelve real para ti, más real que tu propia vida.

Antes de continuar, permíteme que te explique rápidamente que existen diversos tipos de fe. Primero está la medida, o semilla, de la fe. Dios pone una medida de fe en tu vida en el momento de la salvación, por lo que —al instante— te embarga la certeza de que él es tu Dios. Esta es la fe de la que he estado hablando en cuanto a que sabes que el Señor Jesús es el Salvador de tu alma.

Lo siguiente es el fruto de la fe. Después que Dios ha sembrado la semilla de la fe en tu vida, esa fe se apodera de tu corazón. Crece y da fruto en tu vida y es lo que llamamos el fruto del Espíritu.

El último es el don de la fe. Este tipo de fe es diferente porque no es para tu relación con Dios. Al contrario, el don de la fe es para ministrar a otros. Cada don para el ministerio viene bajo la unción de poder de Hechos 1:8, de la cual hablaré en un capítulo posterior.

3. Amor

Lo tercero que cobra vida en la salvación es que el Espíritu Santo te da un amor por el Señor Jesús que nunca has conocido, te da un profundo deseo de conocerlo, de caminar con él, un deseo de servirle. Eso es amor. En el momento en que se produce la unidad con el Señor Jesús, surge un gran deseo de conocerlo. La Biblia dice que, aunque no hemos visto al Señor Jesús, lo amamos (1 Pedro 1:8).

Cuando fui salvo, el 14 de febrero de 1972, me enamoré de Jesús en una fracción de segundo. Un grupo de chicos en mi escuela secundaria de Toronto me había estado hablando de él y pensé que estaban locos, todos. Parecía que todo lo que hacían era andar diciendo el lema: "Jesús te ama", y no sabía cómo responder a eso. Pero no se rendían. Durante todo mi último año, me decían que Jesús me amaba.

La noche del 13 de febrero de 1972 sucedió algo extraordinario. Tuve un sueño que nunca olvidaré. Me vi en una larga escalera bajando a un pozo. Estaba encadenado a otros prisioneros, mientras unas pequeñas criaturas —mitad humanas, mitad bestias— nos empujaban a seguir bajando las escaleras. No había salida; la escalera se internaba más y más en la oscuridad.

De repente, un ángel apareció precisamente a mi lado. Nadie lo vio excepto yo. El ángel me hizo señas para que me acercara a él. En ese momento, mis cadenas se cayeron. Me agarró por la mano y una puerta se abrió de la nada. El ángel todavía me sostenía de la mano mientras me hizo pasar a través de la puerta, me llevó por el aire y me dejó en la esquina de una calle justo afuera de una de las ventanas del edificio de mi escuela secundaria. Tan pronto como aterrizamos, en el sueño, me desperté. No tenía idea de lo que significaba todo aquello. No tenía idea de que el lugar donde terminó mi sueño iba a ser muy significativo en solo unas pocas horas.

Como me había despertado temprano, me dirigí a la escuela y al llegar fui a la biblioteca. El grupo de estudiantes que siempre hablaba de Jesús me invitó a su reunión de oración de la mañana, la que celebraban en la biblioteca. Así que pensé: *"¿Qué puede pasarme si los complazco? Y es probable que al fin me los quite de encima".* De modo que entré a la reunión y lo siguiente que supe fue que todos los chicos estaban orando en lenguas. Nunca había escuchado a nadie orar así.

Me asusté pero, a la misma vez, sentí que una presencia se apoderaba de mí. Aquello fue abrumador. No sabía cómo decirle a Jesús: "Ven a mi corazón". Ninguno de los chicos dijo: "Así es como eres salvo. Pronuncia estas palabras después de mí". No. Nadie me dio instrucciones para enfrentar aquel momento. Ellos siguieron orando en lenguas mientras yo comencé a llorar. Fue un momento muy emotivo.

Así que incliné la cabeza y dije en voz alta: "¡Jesús, vuelve!". Dije eso porque había tenido una visita del Señor cuando tenía once años, pero nada había pasado desde entonces. Sabía que ese era el mismo Jesús con el que me había encontrado a los once años, así que todo lo que pude pensar en decirle fue: *"¡Regresa!".* La reunión de oración terminó poco después y todos se fueron a sus clases sin decirme nada.

No sabía qué más hacer excepto dirigirme a mi primera clase. Sabía que me había ocurrido algo, pero ni siquiera sabía cómo describirlo. Entré tarde al salón de clases y la maestra ya había comenzado a impartir su lección. Todo lo que podía pensar era: *"¡Jesús volverá!". Algo me acaba de decir esto por dentro.* Eso fue todo lo que pude pensar. No pude escuchar la lección, no lograba concentrarme en la clase. Así que simplemente apoyé la cabeza en mi escritorio. Tan pronto como agaché la cabeza, pude ver a Jesús con una túnica blanca, caminando sobre el Mar de Galilea, caminando en dirección a mí. Abrí los ojos y todavía podía ver a Jesús.

Empecé a llorar sin cesar, ahí mismo, en plena clase. Luego grité: "¡Jesús, te amo!". Todos los presentes en la clase hicieron un silencio atronador. La maestra no sabía qué hacer. Mi prima, que estaba sentada a mi lado, no dejaba de decirme: "¡Shh!

¡Tranquilízate!". Pero a mí no me importaba. Seguía diciendo: "¡Jesús, te amo!" porque lo veía dirigirse hacia mí.

Todo es día lo pasé llorando y lo único que pude decir fue: "¡Jesús, te amo!". Entonces, cuando salí de la escuela y me encaminé hacia la esquina del edificio, vi la ventana de la biblioteca. De repente, mi sueño de la noche anterior volvió a inundarme. Ese era el rincón donde me vi en mi sueño y esa ventana con la que soñé era la de la biblioteca donde acababa de encontrarme con el Señor Jesús.

De inmediato supe que el Señor me estaba atrayendo hacia él y me percaté de que lo amaba con todo mi corazón. ¿Quién puso ese amor en mí? Fue el Espíritu Santo.

Los chicos que me habían invitado a la reunión de oración también me convidaron a la iglesia. Ese jueves por la noche, fui con ellos a las Catacumbas de Toronto, una congregación dirigida por Merv Watson y su esposa, Merla, cuyo lema era "Jehovah Jireh". El orador invitado esa noche fue Loren Cunningham, fundador de Juventud con una Misión (JUCUM). Al final de su mensaje, Loren hizo un llamado al altar y escuché la voz audible del Señor que me decía que pasara al frente. Ahí fue donde hice mi declaración pública de fe.

EL HAMBRE LLEVA A LA COMUNIÓN

La unción permanente empieza a manifestarse inmediatamente como hambre de Dios. Cuando fui salvo, quería más de lo que había probado de él cuando tenía once años. Aquello era hambre. Entonces, de repente, supe que era hijo de Dios. Cuando fui salvo, nadie me lo dijo. Simplemente lo supe por fe. El Espíritu Santo puso esa fe en mí de una manera real. Luego, mi reacción fue: "¡Jesús, te amo!". Esas tres cosas son los signos de vida en Jesús, los que inician nuestra comunión con él: el hambre, la fe y el amor.

En el momento en que comienza tu relación con Dios, el hambre te lleva a la comunión. Fíjate bien: el hambre lleva a la comunión. Es simple pero profundo. En el momento en que nos convertimos en uno con Cristo Jesús, se desata la unción permanente y comienza nuestra comunión con él.

En el momento en que comienza la intimidad, se acelera o enciende la Palabra. La Biblia cobra vida. Tu relación con la Palabra de Dios se inicia como resultado. El hambre por el Señor produce apetito por su Palabra, no lo contrario. Cuando las personas no experimentan hambre por el Señor *antes* de sentir apetito por su Palabra, se vuelven religiosas. Se vuelven adoradores de la doctrina, no adoradores de Dios. Son hambrientos de conocimiento, no del Señor.

Hay cristianos hoy que ni siquiera conocen al Señor. Conocen su Palabra, pero no lo conocen a él. Ellos saben lo que él dijo, pero no conocen a aquel que lo dijo. Hay mucho conocimiento, pero no hay unción, no hay presencia de Dios evidente en sus vidas. Tristemente, estas personas terminan adorando la doctrina más que al Señor. Y cuando adoran la doctrina, se vuelven legalistas.

Estoy seguro de que conoces gente así. Conocen la Biblia y la usarán en tu contra si les es necesario, pero no tienen compasión. No saben cómo mostrar el amor del Señor. Muchos de ellos pueden enseñar o predicar en círculos alrededor nuestro, pero no conocen al Señor.

Esa fue la situación con la que Jesús lidió cuando estuvo en la tierra. Los fariseos conocían las Escrituras, pero no tenían amor ni compasión.

Antes de que el apóstol Pablo se convirtiera, conocía tan bien las Escrituras que mataba a los creyentes y usaba las Escrituras para justificar sus acciones. Estaba cegado por la doctrina. Eso es lo que hace; te ciega. Pero en el momento en que conoció al Señor Jesús, todo cambió. Antes de su conversión, fue un ejemplo perfecto de un hombre que conocía la Palabra, pero no al Señor. Incluso usó la ley del Antiguo Testamento contra el Señor y contra su pueblo.

Es lo mismo que sucedió con los fariseos y el Señor: "Los maestros de la ley y los fariseos llevaron entonces a una mujer sorprendida en adulterio, y poniéndola en medio del grupo le dijeron a Jesús: 'Maestro, a esta mujer se le ha sorprendido en el acto mismo de adulterio. En la ley Moisés nos ordenó apedrear a tales mujeres. ¿Tú qué dices?' Con esta pregunta le estaban tendiendo una trampa, para tener de qué acusarlo. Pero Jesús se inclinó y con el dedo comenzó a escribir en el suelo. Y, como ellos lo acosaban a preguntas, Jesús se incorporó y les dijo: 'Aquel de ustedes que esté libre de pecado, que tire la primera piedra'". Todos se alejaron. (Ver Juan 8:3-11).

Este relato demuestra por qué debes desarrollar tu relación con el Señor antes que lo hagas con la que debes establecer con su Palabra. De lo contrario no hay equilibrio. La comunión con Dios es el fundamento de la vida y el ministerio. Luego, además de eso, desarrollas tu relación con su Palabra. Tu hambre por él te lleva a conocer su Palabra, no lo opuesto.

Cuando lo conozco, quiero entender su mente, no lo contrario. Conocerlo me impulsa a comprender su mente. ¿Qué piensa él sobre esto y aquello? Así que, cuando leo la Biblia, no estoy leyendo leyes, normas y reglamentos; estoy desarrollando mi relación con el Señor.

Tu hambre abre el camino a la presencia de Dios y hace que él te dé vida, que te lleve a la vida espiritual. Cuanto más hambriento estés, más vivificado serás por el Espíritu. La Biblia dice: "Prueben y vean que el Señor es bueno; dichosos los que en él se refugian" (Salmos 34:8). ¿Qué significa eso? Significa que cuando tienes hambre, Dios te da a probar su presencia y sientes más hambre de él.

A medida que tu hambre te lleva a la comunión, se abre un nuevo capítulo en el que no solo quieres conocerlo, sino que también quieres saber cómo piensa. ¿Cómo ve la vida? ¿Cómo te ve a ti? Ahí es donde entra en escena su Palabra. No puedes conocer los pensamientos de una persona hasta que comprendes a la persona. Cuando conoces a la persona, entonces sabes sus caminos.

David comenzó a conocer al Señor antes que empezara a escudriñar sus caminos. En 2 Samuel 6, cuando David se dirigía a buscar el arca del pacto, Uza la tocó y murió. Los versículos 9 y 10 dicen que David tenía miedo de llevar el arca a su casa. Se dio cuenta: "Necesito conocer mejor los caminos del Señor". Y los descubrió a través de su Palabra. Todavía estaba encontrando los caminos del Señor.

Y luego está Moisés. Conocía al Señor, pero aun así dijo: "Muéstrame tu gloria". Lo que Moisés estaba diciendo era: "Señor, quiero conocerte. Quiero conocer tu presencia". Tenía hambre de más. Moisés quería saber cómo pensaba Dios, cómo miraba a su pueblo. ¿Por qué estaba llorando? Quería conocer la gloria del Señor.

Dios ya conocía a Moisés y este conocía al Señor. Pero debido a la petición de Moisés, en Éxodo 34, Dios pasó delante de él. Moisés quería ver el rostro de Dios, pero lo que le reveló el Señor fueron sus atributos, sus caminos y su naturaleza.

> Pasando delante de él, proclamó: "El Señor, el Señor, Dios clemente y compasivo, lento para la ira y grande en amor y fidelidad, que mantiene su amor hasta mil generaciones después, y que perdona la iniquidad, la rebelión y el pecado; pero que no deja sin castigo al culpable, sino que castiga la maldad de los padres en los hijos y en los nietos, hasta la tercera y la cuarta generación".
>
> —Éxodo 34:6-7

Dios se reveló a sí mismo a través de su Palabra. El Salmo 103:7 lo confirma poderosamente. Dice: "Dio a conocer sus caminos a Moisés; reveló sus obras al pueblo de Israel". ¿Cuándo hizo Dios eso? En Éxodo 33 y 34, cuando Moisés comenzó a gritar.

Dios le reveló su naturaleza, sus atributos, a Moisés y este percibió todo eso en su hombre espiritual. La Biblia declara en Hebreos 11 que vio los sufrimientos del Mesías y rechazó los placeres de Egipto. Dios le reveló sus caminos en Éxodo 34.

Debemos entender que la unción permanente revela quién es el Señor en nuestras vidas. La unción permanente resguarda nuestros corazones del engaño. La unción permanente nos hace continuar en comunión con el Señor. Esa unción reside en nosotros. Es la unción sobre la que he estado escribiendo la que produce hambre, fe y amor.

En el capítulo siguiente examinaré lo que significa practicar la presencia de Dios, la que mora en el reino espiritual, donde se activan las promesas de Dios. Cuando experimentas esa profundidad de comunión con el Señor, tu presencia se convierte en la presencia de él. Tu vasija se convierte en su vasija. Tus ojos se convierten en sus ojos. Tu toque se convierte en su toque. Tu voz se convierte en su voz. ¡Y con eso el mundo sabrá que él está vivo!

Capítulo 4

EL MISTERIO DE EXPERIMENTAR LA PRESENCIA DEL SEÑOR

¿SABES QUÉ ES lo que más deseo como creyente? Quiero más y más de la presencia de Dios.

He descubierto las llaves esenciales que abren la puerta para experimentar más la presencia de Dios. Voy a hablarte acerca de estas claves para que puedas cruzar el umbral hacia una vida más dinámica en la presencia de Dios.

Por supuesto, el día que llegue a la presencia del Señor Jesús, quiero que me mire con una sonrisa y diga: "Bien hecho, buen siervo fiel". Sin embargo, mientras todavía esté aquí en la tierra, quiero más y más de su presencia. La Palabra de Dios establece claramente que debemos buscar al Señor con todo nuestro corazón, no con la mitad, ni con las dos terceras partes, sino con *todo* nuestro corazón.

> Bienaventurados los que guardan sus testimonios, y con todo el corazón le buscan ... Con todo mi corazón te he buscado; no me dejes desviarme de tus mandamientos.
> —SALMOS 119:2, 10 RVR1960

Buscar a Dios con todo nuestro corazón nos da poder para guardar sus testimonios. La palabra hebrea que se traduce como *"testimonios"* en el Salmo 119:2 significa *preceptos* de Dios. Un *precepto* es un principio o regla que regula el comportamiento o el pensamiento. Cuando buscamos a Dios con todo nuestro corazón, eso nos da la fuerza para no desviarnos de sus mandamientos. Buscar a Dios con todo nuestro corazón es una llave maestra para experimentar la presencia del Señor.

Viviré con toda libertad, porque he buscado tus preceptos.
—Salmos 119:45

Buscar a Dios con todo nuestro corazón requiere tiempo. La presencia tangible de Dios es lo que buscamos en nuestro caminar con él porque la presencia del Señor Jesús nutre, protege, fortalece y da poder a nuestro ser interior. Pero solo se convierte en realidad cuando pasamos rato con él. Ese es el precio que pagamos. Dios no aparecerá, su presencia no se hará tangible, si no disponemos nuestro corazón a dedicarle nuestro tiempo ininterrumpidamente.

Otra clave para abrir la puerta a una vida activa con la presencia de Dios es poner tu enfoque en el Señor. No podemos tener la comunión divina y la humana a la vez, no, en absoluto. No puedo enfatizar esto lo suficiente: no puedes contaminar las aguas de la comunicación con el Señor y esperar obtener una bebida pura de su presencia. Él no lo permitirá. Él quiere tu atención completa e indivisa, todo tu corazón. Si algo te desvía, él se detendrá o se alejará por completo, y recuperar su confianza será muy difícil.

Dios no compartirá su tiempo. Por ejemplo, estás en la presencia de Dios y suena el teléfono, así que te detienes y lo contestas. El Señor no manifestará su presencia si contestas ese teléfono. El flujo de comunicación se verá suspendido por la interrupción. Se detendrá hasta que termines lo que tienes que hacer o decir, y tendrás que hacer un esfuerzo para volver al punto en el que estabas antes de contestar el teléfono. Habrás perdido el tiempo al cortar la línea de comunicación con Dios por preferir comunicarte con otro ser humano.

Nuestro Dios es un Dios celoso. Él quiere todo el tiempo que apartas para él. Cuando le dices al Señor: "Este es tu tiempo", él lo quiere todo. Quiere cada minuto de ello. Cada segundo de ese rato le pertenece a él. Él no manifestará su presencia si alguien llama a la puerta y tú le abres. El Dios al que servimos es un Dios celoso. Por tanto, debes detener las distracciones que te desvíen el enfoque de buscar al Señor con todo tu corazón.

> Me buscarán y me encontrarán cuando me busquen de todo corazón.
>
> —Jeremías 29:13

Otra clave importante para practicar la presencia del Señor es pasar tiempo con Dios cada día. Es absolutamente vital que apartes un período ininterrumpido para sostener una comunión diaria con Dios. En 1 Crónicas 16:10-11 dice: "¡Gloríense en su nombre santo! ¡Alégrense de veras los que buscan al Señor! ¡Refúgiense en el Señor y en su fuerza, busquen siempre su presencia!". El vocablo hebreo traducido aquí como "siempre" también podría traducirse como "cada día".

Así que te recomiendo que pases, al menos, una hora con el Señor todos los días. (Ahora bien, si trabajas en el ministerio a dedicación exclusiva, necesitas pasar más tiempo que el que te sugerí anteriormente. Eso lo explico de manera detallada en un capítulo posterior). Pasar al menos una hora al día con el Señor edifica tu relación con él. Es como pasar un rato con tu cónyuge o con un amigo, con quien construyes una relación. Los conoces cada vez más porque pasan tiempo juntos. Cuando estás tratando de pasar un momento con alguien que amas y otra persona te interrumpe, te irritas porque el instante que dedicas a solas a esa persona fue alterado. No llegaste a conectarte tan profundamente como querías. Lo mismo ocurre cuando tu momento a solas con el Señor se divide en dos.

No puedo exagerar lo importante que es construir sobre este fundamento cada día. Encuentro que, si pierdo un día, retrocedo; no permanezco en el mismo lugar que estaba antes de perder mi tiempo con él. Cuanto más momentos paso con Dios, más rápido entro en su presencia; cuanto menos estoy con él, más lento entro.

A veces pierdes tu rato con Dios porque surge algo y cambia todo tu itinerario de ese día: vas viajando o algo te distrae. Pero tienes que decidir que nada ni nadie te impedirá dedicar un rato a estar con el Señor. Por lo general, estoy con él a la una de la tarde, pero si pierdo esa hora, lo hago por la noche. A Dios no le preocupa que te hayas perdido un momento específico. Le preocupa que te hayas perdido el día. No te vayas a dormir sin darle al Señor el tiempo que le corresponde.

CÓMO PASAR TU TIEMPO CON DIOS

Una vez que decidas pasar tiempo cada día en la presencia del Señor, es probable que te preguntes qué se supone que debes hacer durante ese lapso. Mucha gente supone que gran parte de esos momentos los pasó orando. En lo particular, dedico mucho de esos ratos esperando en el Señor y adorándolo. Espero en el Señor para que me dé vida (Salmos 80:18). Puede que te sorprenda leer esto, pero he llegado a creer que la oración en sí misma no es necesariamente poderosa. Después de todo, las personas religiosas oran. Incluso los cristianos bien intencionados tratan de poner una etiqueta espiritual a las cosas que hacen en la carne, hasta a prácticas espirituales como la oración, el ayuno y la alabanza.

El problema es que, cuando se hacen en la carne, no hay poder en esas cosas. Solo hay poder en la presencia de Jesús. Cuando tenemos comunión con el Señor, se manifiesta el poder de Dios. A medida que pasamos tiempo con Jesús y él se hace real para nosotros, hay poder de verdad.

Hay dos reinos en los que operamos: el imperio de la carne y el del espíritu. Solo en el reino del espíritu verás resultados perdurables. En el de la carne, no hay resultados duraderos; cualquier cosa que parezca un resultado solo es temporal, por lo que desaparecerá rápidamente. Sin embargo, lo que sucede en el reino del espíritu es eterno. El apóstol Pablo afirma en 2 Corintios 4:18 (RVR1960) lo siguiente: "... no mirando nosotros las cosas que se ven, sino las que no se ven; pues las cosas que se ven son temporales, pero las que no se ven son eternas".

Debemos caminar en el Espíritu. Gálatas 5:25 (RVR1960) deja esto muy claro: "Si vivimos en el Espíritu, andemos también en el Espíritu". En otras palabras, necesitamos entrar en el Espíritu y vivir en él.

En términos naturales, las personas no saben cómo vivir en el Espíritu. No saben cómo hallar el camino a ese lugar secreto. Ese lugar es el mundo en el que Dios quiere que vivamos. El Salmo 91:1 dice: "El que *habita* [que es lo mismo que vivir] al abrigo del Altísimo [que es nuestro lugar secreto] se acoge a la sombra del Todopoderoso". No dice: "El que visita el lugar secreto". Ese es el problema. Demasiada gente visita un lugar y luego se va. Echemos otro vistazo a esta promesa bíblica en nuestros términos: "El que habita en el lugar secreto... *se acoge* [es decir, mora o permanece]". Eso significa que esa es su dirección, su lugar de residencia. Es donde tú vives.

¿Cómo se llega allí? Permíteme que te explique lo que he aprendido al respecto, lo que —estoy seguro— he hecho de la manera más difícil. Ahora, es probable que ya conozcas la clave que estoy a punto de darte, pero simplemente no la ejercitas. Tal vez quieras practicarla, pero simplemente no sabes cómo. La clave es esta: "Los que esperan en Jehová tendrán nuevas fuerzas" (Isaías 40:31 RVR1960). Esperar en el Señor es el secreto. Esperar en el Señor es el puente entre la carne y el Espíritu.

¿Cómo esperamos? La Biblia dice muy claramente que debemos estar quietos. Dios nunca dijo: "Cállate", porque no basta con estar callado. Lo que sí dijo fue: "Quédate quieto". Hay una gran diferencia. La quietud es anímica. La quietud es espiritual. Si lo permites, ella te conducirá a la tranquilidad y a la paz. Cuando estés en silencio el tiempo suficiente, Dios traerá quietud a tu ser espiritual. Deja que Dios te lleve a ella. El Espíritu Santo se manifiesta cuando estamos quietos. La quietud activa su poder. Vierte su poder en nosotros. Manifiesta la presencia de Dios en nosotros. La quietud nos lleva a una comprensión más profunda de lo que significa estar en la presencia del Dios vivo.

En el Salmo 46:10 Dios dice: "Quédense quietos, reconozcan que yo soy Dios". Lo que él está diciendo es: "Estén quietos y sabrán quién soy". Lo que él está diciendo es: "Quédense quietos y conocerán mi presencia". No conocemos su presencia porque no queremos estar serenos. Creemos que estar quietos es difícil porque tenemos que sentarnos en un lugar, permanecer serenos y no hacer nada. Pero debemos cambiar nuestra manera de pensar. No estamos haciendo nada porque no estamos esperando nada. Estamos esperando en el Señor. Y esperar en el Señor no se puede catalogar como que es *nada*; es *algo* demasiado importante. Es una acción, o más bien, un acto de fe. Esperar en el Señor requiere que creas, que estés convencido de que, aun cuando parezca que estás en pleno ocio, no estás perdiendo el tiempo. En realidad, te estás comunicando activamente con el Señor.

Lee esto de manera muy clara: no estoy diciendo que no debas orar. La Biblia dice que podemos dar a conocer nuestras peticiones. Pero llega un momento en que tenemos que terminar con nuestras listas de oración. ¿Qué hace la mayoría de la gente cuando termina de pedirle cosas a Dios? Dicen amén y se van. Imagínate eso: ¡dicen que están en comunicación activa con el Creador del universo, y son ellos los que hablan, pero —aun peor— no escuchan a su divino interlocutor! Ahí es cuando pierden. Esa es la definición de *visitar*, no la de *habitar*. De modo que, cuando termines tu lista de oración, quédate en silencio el tiempo suficiente para que Dios te avive, te encienda y entiendas lo que debes hacer en ese momento dedicado a tu Señor.

> Nosotros no nos apartaremos de ti; reavívanos, e invocaremos tu nombre.
>
> —SALMOS 80:18

> ¡Hazme del todo tuya! ¡Date prisa! ¡Llévame, oh rey, a tu alcoba! Regocijémonos y deleitémonos juntos, celebraremos tus caricias más que el vino. ¡Sobran las razones para amarte!
>
> —CANTAR DE LOS CANTARES 1:4

Cuando el Espíritu Santo te vivifique, te llevará al reino del espíritu. No puedes entrar solo porque lo desees. Debes ser atraído por el Espíritu Santo. ¿Y cómo sucede eso? "Los que esperan a Jehová tendrán nuevas fuerzas [espirituales]; levantarán alas como las águilas". En el momento en que tu espíritu se fortalece, el Espíritu Santo te da vida, de modo que —cuando te da vida— te atrae con "alas como las águilas".

> Pero los que esperan a Jehová tendrán nuevas fuerzas; levantarán alas como las águilas; correrán, y no se cansarán; y caminarán, y no se fatigarán.
>
> —ISAÍAS 40:31

Quiero mostrarte algo muy poderoso acerca de esta verdad. ¿Qué significa "levantar alas como las águilas"? Significa conocer las corrientes de los vientos del Espíritu. El águila no vuela; el águila se *eleva*. El águila se *rinde* a los vientos. Espera los vientos más fuertes y entonces se rinde a ellos. Esperar en el Señor genera una rendición absoluta al Señor. Y fíjate en lo que

sigue: "Correrán, y no se cansarán; y caminarán, y no se fatigarán". En el Espíritu corremos antes de caminar. Es decir, corremos para alcanzar a Dios y luego caminamos con él.

Esperar en el Señor desarma la carne. Te da tiempo para que
te olvides de ti mismo y entonces veas a Jesús. Esperar en el
Señor desmantela los poderes del pecado. Esperar en el Señor
hace que el Espíritu Santo fortalezca tu hombre interior y la
carne comience a perder el control de tu vida. Eso es lo que
Pablo quiso decir cuando afirmó lo siguiente: "Más bien, gol-
peo mi cuerpo y lo domino, no sea que, después de haber predicado a otros, yo mismo quede descalificado" (1 Corintios 9:27).

En el momento en que entras en el reino del espíritu, algo
sucede. El Salmo 40:3 dice: "Puso en mis labios un cántico nuevo, un himno de alabanza a nuestro Dios". El reino del espíritu
comienza con una melodía. Empiezas a entonar canciones en
el Espíritu. Ahora, no tienes que tener música para entrar en el
ambiente del Espíritu, aunque eso puede ayudar. No hay nada
de malo en poner música de adoración para cambiar la atmósfera con el fin de mantenerte enfocado para que no te distrai-
gas con otras cosas.

Me encanta escuchar música de adoración mientras espero en el Señor. Hallo que cuanto más a menudo me conecto
con Dios, menos necesito la música. A veces la música puede
actuar como un impedimento puesto que una vez que estás
en el ambiente del Espíritu ya no necesitas nada de esta tierra.
La única razón por la que necesitamos música de adoración es
para calmar nuestras emociones, olvidar nuestros problemas
y unirnos con el Señor Jesús sin distracción alguna. Pero en el
momento en que el Espíritu Santo te da vida, eso es todo lo que
necesitas. Ahí es cuando el Señor Jesús se hace real. La práctica
de la presencia del Señor comienza cuando Jesús se vuelve más
tangible para nosotros que nuestros asuntos más importantes,
nuestras familias, nuestros conflictos e incluso más real que
la vida misma. En ese momento, todo tiene que ver con Jesús.

Capítulo 5

EL MISTERIO DE ENCENDER LA PALABRA Y LA ADORACIÓN

B USCAR CADA DÍA la presencia del Señor y permanecer en ella aumenta tu intimidad con él y profundiza la relación mutua. Pasar tiempo con Dios es el combustible que energiza el motor de tu alma y que te impulsa (o te da hambre) a conocerlo, a caminar con él (con fe) y a adorarlo (en amor).

Lo interesante es que él mismo te da el hambre, la fe y el amor para andar con él. Lo más valioso que tú y yo tenemos y que podemos dar es nuestro tiempo. Cuando le das eso a Dios, sucede algo asombroso: a medida que la presencia del Señor se manifiesta —a causa del momento que pasas con él— la Palabra de Dios se apodera de tu alma.

Al darle tu tiempo al Señor, el Espíritu Santo te captura con su Palabra. Descubres que cuando lees su Palabra, esta sale directamente de las páginas y se apodera de tu corazón. Te atrae como nada más lo hace. Tu hambre y tu fe explotan llevándote a nuevos horizontes, y esa explosión crea otros niveles superiores de crecimiento espiritual. Debido a que das tu tiempo, el Espíritu Santo usa su Palabra para atraerte. Cuando eso sucede, es como una ignición que acelera tu alma con un poderoso combustible. Esa hambre y esa fe te llevan a un mundo que no sabías que existía. Cuando abres tu corazón y abres tu Biblia, desbloqueas el nuevo y emocionante universo de la Palabra de Dios.

Ahora puedes avanzar a niveles más profundos de la Palabra de Dios, a medida que ella comienza a saturarte. Su Palabra empieza a limpiar tu mente y a purificar tu corazón.

> ... así como Cristo amó a la iglesia, y se entregó por ella para hacerla santa. Él la purificó, lavándola con agua mediante la palabra.
>
> —Efesios 5:25-26

Su Palabra comienza a gobernar tu vida mental a medida que todo en ti empieza a alinearse con el propósito y el plan de Dios para ti, lo que se encuentra en las preciosas páginas de la revelación escrita de Dios. Algo comienza a sucederte espiritualmente a medida que te sumerges en las profundidades de Dios y su Palabra.

Cuando el hambre, la fe y el amor comienzan a manifestarse en tu vida, activan la Palabra en ti a un nivel más profundo que antes. Eso es lo que Pablo quiso decir cuando se refirió al "poder que obra eficazmente en nosotros" (en Efesios 3:20). Eso activa la Palabra. La Palabra enciende la comunión y la fraternidad. A su vez, la comunión estimula la adoración. Por tanto, los tres encendedores de la vida cristiana son la Palabra, la comunión y la adoración. Una vez que se activan, se intensifican, encendiéndose entre sí. Esa combustión inicia una especie de reacción en cadena en tu espíritu, que vuelve a encenderse una y otra vez mientras permaneces en la presencia del Señor.

Una vez que esa unción comienza a encenderse, el hombre espiritual empieza a experimentar su abundante sensibilidad. Probablemente hayas experimentado las primeras etapas de esto sin darte cuenta. Si profundizas un poco más, esto es lo que podría pasar: cuando te adentras en las profundidades, los encendedores se vuelven muy poderosos. De repente te encuentras internado en lo más profundo de las Escrituras.

No descubrí que la Biblia tiene varios niveles hasta que tuve cinco años activo en el ministerio. El primer nivel es histórico. El segundo consiste en el plan de Dios para Israel y la iglesia. El tercer nivel es donde descubres a Jesús en las páginas del Antiguo Testamento. ¡Ahí es cuando el encendedor combustiona y golpea todos los cilindros!

¿Cuántas veces puedes leer sobre Adán y Eva, Abraham, Isaac, Jacob, Noé y el arca, José y sus hermanos, y Moisés? Tanto estos individuos como esos acontecimientos, a veces, pueden almacenarse en nuestra mente como simple información. Pero algo significativo sucede en el momento en que descubrimos a Jesús en las páginas de nuestra Biblia. ¡Eso enciende el poder! La ignición no comienza cuando estás en el nivel histórico. La ignición no ocurre cuando estás descubriendo el plan de Dios para la nación de Israel y la iglesia. Pero en el instante en que profundizas —cosa que no puedes hacer sin que el Espíritu Santo te lo muestre— es cuando descubres a Jesús en la revelación de las Escrituras.

La Biblia no se trata solo de historia, poesía o profecía. La Biblia es la revelación de una sola persona: Jesús, el Hijo de Dios. Ver a Jesús en cada una de sus páginas es lo que nos transforma a su imagen.

Me llevó cinco años descubrir que eso era así. De repente me di cuenta de que poner a dormir a Adán no tiene nada que ver con este. Tiene que ver con la revelación de Jesús muriendo en la cruz. ¿Por qué puso Dios a dormir a Adán? Para dar a luz a su esposa. ¿Por qué Jesús murió en la cruz? Para dar a luz a su novia, la iglesia. Dios abrió el costado de Adán para que saliera su novia —es decir, Eva— lo que revela que el costado de Jesús tenía que abrirse para que saliera su novia, la iglesia.

Entonces comencé a ver que José no tiene que ver con José. Él fue amado por su padre. Eso es lo que le sucedió a Jesús. Fue odiado por sus hermanos. Ese es Jesús. Es el caso de Cristo. Fue colocado en un pozo, lo mismo que la muerte de Jesús, fue puesto en el oscuro pozo de la cruz. Fue puesto en una prisión, lo que tiene que ver con Jesús en el inframundo. Salió de la cárcel, que es lo que representa la resurrección. Se sentó a la diestra de Faraón, lo cual es la ascensión. A él se le dio una esposa gentil; esa esposa es la iglesia. De repente, la historia de José ya no es la historia de José. Es la historia de Jesús. Todo tiene que ver con Cristo.

Aun las festividades de Israel son revelaciones del Señor Jesús, de su vida y su ministerio.

1. La fiesta de la Pascua: su muerte en la cruz
2. La fiesta de los panes sin levadura: cuando Jesús cargó nuestros pecados sobre sí mismo
3. La fiesta de las primicias: la resurrección del Señor de entre los muertos
4. La fiesta de las semanas (Pentecostés): la venida del Espíritu Santo en el día de Pentecostés
5. La fiesta de las trompetas: el rapto de la iglesia
6. El Día de la Expiación: la salvación de Israel
7. La fiesta de los tabernáculos: el reinado milenial de Cristo Jesús

Todo ello es ¡acerca de Jesús!

Así que me atrevo a animarte a que profundices en el estudio de la Biblia con gran dedicación ya que eso enciende un gran poder y comienzas a vivir en las bendiciones y el favor de Dios; empiezas a experimentar tu destino. El Señor comienza a manifestarse. Surge un crecimiento y una renovación de tu mente. Como lo afirma el apóstol Pablo:

No se amolden al mundo actual, sino sean transformados mediante la renovación de su mente. Así podrán comprobar cuál es la voluntad de Dios, buena, agradable y perfecta.

—ROMANOS 12:2

Cuando profundizas en la Palabra de Dios, suceden cosas asombrosas, maravillosas, extraordinarias. Lo primero que sientes es que te invade una quietud que impregna todo tu ser: alma, espíritu y cuerpo. Es una experiencia solemne y sagrada. La *unción permanente* aquieta el alma, mientras que la fortalecedora la *conmueve*. Segundo, ahondar en la Palabra crea profundidad en tu comunión con el Señor. Tercero, la adoración estalla en un nivel que nunca antes habías conocido. ¡La comunión profunda enciende una adoración dinámica y explosiva!

Cuando estalla la adoración, la presencia de Dios se manifiesta y se vuelve tangible para nosotros. Su *poder dunamis* comienza a obrar en nosotros, llevándonos a ese lugar del que habló Pablo en Efesios 3:20 cuando dijo: "muchísimo más que todo lo que podamos imaginarnos o pedir". Esa presencia tangible del Señor comienza a transformarte a su imagen.

Mientras te ejercitas en la presencia, suceden tres cosas:

1. Dios aumenta tu hambre, tu fe y tu amor por él.
2. El poder estalla en ti, llevándote a las profundidades de la Palabra donde el Señor se te revela.
3. La adoración dinámica en el Espíritu enciende y genera la transformación del Señor en tu vida. Ahora eres transformado de gloria en gloria. La transformación de tu imagen a la del Señor se inicia en este punto y se ha de completar ¡cuando veamos su precioso rostro en ese día glorioso!

De modo que, desarrollar una profunda comunión con Dios es imperativo, pero parece tan básico que muchos cristianos pasan ese hecho por alto. Si no captas nada más de este libro, por favor, aprende —al menos— lo siguiente: no puedes darte el lujo de no dedicar tiempo a pasarlo con Dios. Eso es lo único que te ayuda a desarrollar una profunda comunión con él. Además, es esencial puesto que forja una base poderosa y un fundamento especial para ti. Cuando Dios comienza a usarte en tu llamado al ministerio cristiano, ese cimiento de compañerismo es tu ancla. Estás edificado sobre la roca, Cristo Jesús. No estás construido sobre la arena que se hunde. Ese tiempo diario de profunda comunión está edificando tu vida sobre el Señor y su Palabra.

Al fin, el Señor comenzará a confiarte la unción de poder para el ministerio. Tu ministerio es el resultado de la travesía de la que he estado escribiendo. Debido a que le has dado tu tiempo y has crecido a través de las revelaciones de la Palabra divina y la adoración intensa, la presencia de Dios es tangible en tu vida. Ahí es cuando Dios dice: "Puedo confiar en ti", y te inviste con la unción poderosa de Hechos 1:8. Entonces los dones del Espíritu cobran vida a causa de la unción de poder sobre tu vida.

Eso es lo que la Biblia quiere decir con poder *dunamis*; es un poder que se enciende a sí mismo. Los vocablos castellanos *dinamo* y *dinamita* provienen de la palabra griega *dunamis*. El propósito de este *dunamis* del Espíritu Santo dentro de ti es que tengas poder para tocar a otros con el poder de Dios. Cuando la mujer que tenía el flujo de sangre, registrado en el octavo capítulo de Lucas, tocó el borde del manto de Jesús, este dijo: "¿Quién me ha tocado?". La virtud, la fuerza y el poder fluyeron de él. La palabra usada ahí es de ese mismo término griego, *dunamis*. La liberación de ese poder sanó por completo a esa mujer.

La adoración es tan intensa que enciende la Palabra; entonces la Palabra —a su vez— enciende la revelación y la adoración, y sigue yendo y viniendo en una reacción espiritual en cadena. Esta reacción en cadena es lo que te lleva a un punto de transformación total donde Dios comienza a recrear tu imagen a la suya.

Capítulo 6

EL MISTERIO DE LA TRANSFORMACIÓN TOTAL

M UY POCAS PERSONAS han llegado al punto de la transformación total, quizás porque no hay muchos dispuestos a pagar el precio. Pero antes de que el Señor me lleve al hogar celestial, quiero alcanzar esa transformación absoluta.

Un joven pastor de Nigeria, una vez, me hizo una pregunta poderosa. Me dijo: "¿Acaso es posible llegar a ser uno con Dios? ¿Ha conocido usted personas que eran uno con Dios?". Le dije que por supuesto que eso es posible puesto que esa fue la oración que el Señor pronunció en Juan capítulo 17.

> No ruego solo por estos. Ruego también por los que han de creer en mí por el mensaje de ellos, para que todos sean uno. Padre, así como tú estás en mí y yo en ti, permite que ellos también estén en nosotros, para que el mundo crea que tú me has enviado.
>
> —JUAN 17:20-21

He conocido a tres personas que eran una con Dios. Todas ellas mujeres: Basilea Schlink, Corrie ten Boom y Kathryn

Kuhlman. Permíteme que te cuente un poco acerca de cada una de ellas.

Basilea Schlink

Basilea Schlink nació en Alemania en 1904. Sus estudios universitarios incluyeron una tesis sobre la conciencia del pecado y su efecto en la fe. Líder del Movimiento Estudiantil Cristiano, fue investigada por los nazis durante la Segunda Guerra Mundial por su posición en defensa de los judíos. Después de que terminó la guerra, Schlink entendió la importancia del arrepentimiento por las atrocidades cometidas por su tierra natal. Decidió que, en vez de casarse, permanecería soltera y dedicaría su vida a Cristo. En 1947, cofundó la Hermandad Evangélica de María, en la que sirvió hasta su muerte en 2001, compartiendo su fe con otros y escribiendo diez libros.

Cuando David Wilkerson fue a ver a Basilea Schlink, dijo que ni siquiera podía entrar en la habitación. Empezó a llorar cuando apenas intentó acercarse a ella. He escuchado sus enseñanzas, aun cuando nunca la conocí. Pero mientras ella vivía, fui al lugar que ella fundó, llamado Canaán, en Darmstadt, Alemania. La presencia del Señor en ese lugar era tan poderosa que comencé a llorar. Fui a la capilla y no quería salir de ahí. Era como estar en el cielo. Estaba vacía, pero la presencia de Dios en ese lugar era tan gloriosa, tan real, que se sentía como si hubiera ido al cielo y estuviera caminando con el Señor en gloria. Sentí esa presencia porque Basilea Schlink andaba en transformación total. Ella conocía al Señor y era una con él.

Corrie ten Boom

Corrie ten Boom nació en los Países Bajos en 1892. De profesión relojera, siguiendo la carrera de su padre, formó parte de la Iglesia Reformada Holandesa y sirvió a la gente de su vecindario, donde estableció un club juvenil. Después de que Alemania invadiera los Países Bajos en la Segunda Guerra Mundial, se prohibieron los clubes juveniles y se emprendió la persecución de los judíos. La familia Ten Boom acogió a refugiados judíos, escondiéndolos de los nazis. Por eso, ella y otros miembros de su familia fueron detenidos; además, ella y su familia fueron confinados en campos de concentración alemanes. Algunos no sobrevivieron a la guerra, pero ella sí. Corrie compartió la historia de su familia en su obra *El refugio secreto* y escribió varios libros más mientras viajaba por el mundo, compartiendo su mensaje de esperanza, amor y perdón a través de Cristo Jesús hasta su muerte en 1983.

Conocí a Corrie ten Boom y bailé con ella. Estuve con ella en su casa y bailábamos en el jardín. Yo tenía diecinueve años en aquel tiempo y era amigo de su sobrino. Éramos compañeros de cuarto. Dios ha dado gracia a mi vida dándome la oportunidad de conocer de alguna manera a todas esas personas. Cuando Ten Boom predicaba, su rostro resplandecía, y me quedaba hipnotizado por la presencia de Jesús en el recinto cuando esa señora subía a la plataforma. Al igual que Basilea Schlink, Corrie ten Boom se había convertido en una con el Señor.

Kathryn Kuhlman

Kathryn Kuhlman nació en Missouri en 1907. Comenzó a predicar a los catorce años cuando viajaba con su hermana mayor y su cuñado. En la década de 1940, empezó a realizar cruzadas de sanidad y continuó con sus actividades hasta la década de 1970. Su programa de televisión semanal, *Creo en los milagros*, amplió el alcance de su ministerio; además, escribió varios libros durante esos años. Se estima que dos millones de personas reportaron sanidades a través de su ministerio. A ella se le diagnosticó un problema cardíaco cuando tenía cuarenta y tantos años, pero se negó a permitir que eso afectara su ministerio. A pesar del dolor en el pecho que a veces la debilitaba, continuó con su obra, tanto en persona como por televisión. Murió durante una cirugía a corazón abierto en 1976. Se documentó que, en el momento de su muerte, los médicos y las enfermeras que la atendían vieron una luz brillante flotar sobre su cuerpo sin vida por un instante.

Kathryn Kuhlman encarnó la transformación total y la unidad con el Señor. No puedo decirte cuántas veces me senté en sus reuniones en la Primera Iglesia Presbiteriana de Pittsburgh y vi su rostro resplandecer. La presencia del Señor se manifestaba dentro de ella de una manera tan gloriosa que es difícil de describir con palabras. Esa transformación total hizo de Jesús una realidad en su vida diaria. Cuando Kuhlman subía a la plataforma, la realidad de Cristo en su vida se manifestaba en todo el edificio. La presencia de Cristo Jesús saturaba todo el lugar y nos sumergía a todos en él.

Lo mismo sucedía en sus grandes reuniones. Cuando el Señor se hacía real para ella, todo en la audiencia cambiaba. Cuando Jesús se manifestaba, todo el lugar cobraba vida. Era tangible en su vida. Sin embargo, de repente, se hacía real para toda la multitud, muchos de los cuales ni siquiera lo conocían. En sus reuniones, la gente quedaba atrapada en la realidad en la que ella vivía. Su situación lo hacía real para la multitud y creaba un hambre en la que la gente decía: "Quiero conocerlo así". Eso es lo que me pasó a mí.

Ahora bien, medita en lo que habría pasado si esa realidad de Jesús no se manifestaba en su vida cuando subía a la plataforma. La multitud habría recibido entretenimiento, señales, prodigios y buena predicación, pero esas cosas no pueden cambiarnos. La realidad del Señor Jesús es lo que nos cambia. La realidad *en* la vida de la señora Kuhlman se combinaba con el poder *sobre* ella, de modo que cuando caminaba en la plataforma, el poder *sobre* ella transmitía la realidad *en* ella.

Mi oración constante es que la misma experiencia te ocurra cuando yo ministre. Si el Señor Jesús no está ahí, no importa si la gente piensa: "Ah, el pastor Benny, cómo lo amamos. Es un buen hombre. Es un buen maestro de la Biblia". Si todo lo que pueden decir después es: "Bueno, aprendí algo, pero no cambié", ¿cuál fue el punto? Pero cuando el Señor Jesús está en una audiencia, eso es lo que hace toda la diferencia. ¿A quién le importa si soy yo el que predico? Solo quiero traer a Jesús conmigo porque ahí es cuando las vidas cambian.

En este libro te traigo el fundamento de la vida y del ministerio. Culmina con una transformación total en la que el poder *sobre* ti es el transmisor de la presencia *en* ti. Y cuando el poder de Dios viene sobre ti, transmite lo que hay dentro de ti a todos los que te rodean. Ellos lo sienten; lo palpan; se vuelven parte de ello.

Capítulo 7

EL MAPA DE DIOS PARA
LLEGAR A SU PRESENCIA

DIOS LE DIO un mapa a Moisés para que llegara a su presencia. Esa hoja de ruta es más que el relato histórico de una religiosa tradición judía. Es un significativo mapa del protocolo y el patrón bíblico que seguimos para llegar a la presencia de Jehová Dios. En todo esto hay un componente clave que nos muestra las siete prácticas que debemos ejercitar para estar en la presencia de Jehová, se trata del tabernáculo del Antiguo Testamento. Cuando Dios le dio a Moisés los planos para edificar el tabernáculo, en Éxodo 25 a 31, le dijo dónde ubicar la puerta, el altar del sacrificio, la fuente, el candelero, la mesa de los panes de la proposición, el altar del incienso y el arca del pacto. Cada uno de esos elementos representan las siete manifestaciones prácticas para estar en la presencia de Dios. Te lo mostraré con claridad.

Cuando comienzas a tener afinidad y comunión con Jesús ejercitándote en su presencia, es que ya has atravesado la puerta. Has entrado en el reino del espíritu, puesto que es imposible que sientas su presencia desde afuera. De repente, Jesús se hace real. Y cuando eso ocurre, nace la fe. No necesitas buscar fe; solo necesitas buscar a Jesús y él te la da.

Permíteme que te hable acerca de una visión especial que da claridad a un punto muy importante. La gente se ha desviado al buscar la fe más que a *Jesús*. Es por eso que, a veces, la persona confiesa las escrituras y reclama sanidades, pero no pasa nada. Eso se debe, en primer lugar, a que el individuo no ha esperado en el Señor. No ha esperado que el Espíritu Santo de Dios se mueva. En Génesis 1 se dice que primero se movió el Espíritu y *luego* habló Dios. Dios siempre habla al viento del Espíritu. Siempre habla *después* que el Espíritu se mueve. Cuando no entras primero en el reino espiritual y esperas a que Dios hable, incluso las cosas que haces —aunque parezcan espirituales— se realizan bajo el imperio de la carne, por lo que no producen resultados duraderos.

Tú y yo solo podemos entrar en el reino del espíritu si esperamos en el Señor. Eso puede tomarse media hora, una hora o incluso más, pero ese tiempo no ha de desperdiciarse. Mientras esperamos, somos vivificados y —cuando somos vivificados— Jesús se vuelve real. Cuando Jesús se hace real, brota un cántico. Y, cuando nace ese cántico, sucede algo. Llegamos al altar del sacrificio, donde la sangre de Cristo Jesús se vuelve más tangible que nuestras ataduras. En ese momento, mientras nos ejercitamos en la presencia del Señor, nuestro corazón se abre. La Palabra del Señor dice: "El sacrificio que te agrada es un espíritu quebrantado; tú, oh Dios, no desprecias al corazón quebrantado y arrepentido" (Salmos 51:17). Entonces estamos frente al quebrantamiento, el arrepentimiento, la limpieza y el perdón. Como lo afirma el apóstol Pablo al decir que "las cosas viejas pasaron" (2 Corintios 5:17 RVR1960); tanto es así que hasta el propio recuerdo del pecado desaparece de nuestras almas.

Ahora bien, permíteme que te hable de algo que muchos no toman en cuenta: muchas personas confiesan sus pecados aun estando en la carne. Por eso caen y vuelven a pecar. Pero cuando tú te arrepientes en el Espíritu, es imposible repetir el mismo comportamiento pecaminoso porque el Espíritu Santo erradica todo pecado.

El tercer punto al que llegas, al ejercitarte estando en la presencia del Señor, es la Palabra. Sí. La Palabra de Dios. Ella es la fuente del tabernáculo, en esa fuente es donde se lavaban los que servían al Señor, y es en ella que nos lavamos nosotros. Ese es el escenario donde las promesas de Dios, de repente, se vuelven poderosas. Ahora puedes mirar hacia arriba y decir: "Padre, tu Palabra dice...", y te aferras a esa promesa. Debido a que estás en el Espíritu, hay una confianza profunda, tal como la del apóstol Juan cuando dijo: "Esta es la confianza que tenemos al acercarnos a Dios: que, si pedimos conforme a su voluntad, él nos oye" (1 Juan 5:14). ¿Cómo sabes que él te ha escuchado? Lo sabes porque estás en el Espíritu. Si estás en la carne, te preguntarás si Dios te escucha. Pero cuando estás en el Espíritu, sabes que él te ha escuchado. Y entonces sabes que tienes lo que le has pedido al Señor.

Luego pasas al lugar santo, otro nivel de la práctica de la presencia de Dios, y llegas al candelero, que es la renovación de la mente que ha sido iluminada por Dios. Es donde conoces su voluntad; la Luz nos permite ver lo que antes no podíamos discernir. Verás, en la puerta Jesús se vuelve real. En el altar del sacrificio la cruz se hace real. En la fuente la Palabra se hace real. En el candelero su voluntad se hace real. Él revela su voluntad. Conoces sus planes para tu vida y lo sigues. *Su voluntad se convierte en tu voluntad.*

Al otro lado del camino está la mesa de los panes de la proposición —o de la Presencia (como dice la Nueva Versión Internacional)— y ahí es donde presentas tu cuerpo como un sacrificio vivo. El pan es el cuerpo. Jesús dijo: "Esto es mi cuerpo", cuando les dio el pan en la última cena. El pan habla de la entrega del cuerpo a él. Ahí es donde entregamos nuestros miembros como instrumentos de justicia. Ahí es donde le ofrecemos ese sacrificio vivo. La mayor experiencia en el bautismo del Espíritu es cuando le entregamos nuestros cuerpos como sacrificio vivo, y nuestros cuerpos se convierten en el suyo.

> Por lo tanto, hermanos, tomando en cuenta la misericordia de Dios, les ruego que cada uno de ustedes, en adoración espiritual, ofrezca su cuerpo como sacrificio vivo, santo y agradable a Dios.
>
> —ROMANOS 12:1

Luego llegas al bendito altar del incienso, que constituye la adoración. Pero ¿qué es la adoración? La adoración es intimidad y unión con el Señor. Estás en comunión con el Maestro. Es el punto en el que entras en comunión con él y él te agarra. Cada célula de tu cuerpo adora al Señor. Cada parte de tu ser magnifica su nombre. No es nada mental ni psíquico; esto es absolutamente espiritual. Es donde "Un abismo llama a otro abismo en el rugir de tus cascadas" (Salmos 42:7). El versículo continúa: "todas tus ondas y tus olas se han precipitado sobre mí". Este versículo describe una gran profundidad en el Espíritu. Esas olas de agua son tornados en el océano. Piensa en el Espíritu Santo levantándote en el agua y trayendo una ola de tal poder y gloria a tu vida que estarás completamente inmerso en la presencia del Señor.

Cuando esto suceda, la adoración estallará dentro de tu ser. En medio de esa adoración, escucharás la voz de Dios, lo que constituye el arca del pacto en el Lugar Santísimo. Entras en el más sagrado de todos los lugares en la experiencia de la presencia de Dios. "El que habita al abrigo del Altísimo se acoge a la sombra del Todopoderoso" (Salmos 91:1). Este es nuestro escondite. El versículo 2 dice: Yo le digo al Señor: "Tú eres mi refugio, mi fortaleza, el Dios en quien confío". A continuación, los versículos 7 y 8 afirman: "Podrán caer mil a tu izquierda, y diez mil a tu derecha, pero a ti no te afectará. No tendrás más que abrir bien los ojos, para ver a los impíos recibir su merecido". Y el versículo 10 dice: "Ningún mal habrá de sobrevenirte, ninguna calamidad llegará a tu hogar". ¿Por qué? ¡Porque te acoges —habitas, vives— al abrigo del Altísimo! ¡Ahí es donde estás! Ahora que has pasado un tiempo en ese bendito lugar, la gloria de Dios te ha envuelto.

¿Puedo decirte algo? Cuando iba a las reuniones de Kathryn Kuhlman, siempre me preguntaba cómo podía salir a la plataforma sin decir una palabra y la gente se curaba. Aquello me sorprendía. No podía entender cómo se quedaba parada allí sin decir una palabra ni exponer un mensaje y la gente era sanada. Ahora sé por qué.

Cuando experimentas la profundidad de la comunión que ella vivía, Jesús entra en la habitación contigo. Tu presencia se convierte en la presencia de él. Tu vasija se convierte en su vasija. Llevas esa gloria en ti dondequiera que estés. Cuando llegas a algún lugar, la presencia de Dios llega contigo porque te has vuelto uno con él.

Recuerdo una vez cuando Kathryn Kuhlman fue a London, Ontario, a realizar un servicio de milagros. Muchos de nosotros, en nuestra iglesia que estaba en la ciudad de Toronto, capital de Ontario, viajábamos juntos a su reunión. Fuimos en un autobús lleno de gente emocionada; al llegar allí nos detuvimos frente al hotel Holiday Inn para alojarnos antes del servicio milagroso de esa noche. Al entrar al vestíbulo, sentimos la presencia del Señor Jesús de una manera muy fuerte. Mi asombro era tal que me pregunté por qué sentimos la presencia del Señor, dado que el servicio de milagros sería en el estadio, no en el Holiday Inn. Mientras arreglábamos lo del alojamiento, se abrió la puerta del ascensor y nos sorprendió ver a la señora Kuhlman salir del elevador con su ayudante, Maggie Hartner. Ellas caminaron por el vestíbulo y salieron a esperar un taxi mientras todos nosotros las mirábamos asombrados, sintiendo todavía la presencia de Jesús. Cuando el taxi se fue con la señora Kuhlman, la gloria desapareció del recinto del hotel. Imagina lo que sería vivir tan cerca del Maestro que lo llevaras contigo a dondequiera que fueras. Ese es mi mayor anhelo.

El ejercicio de estar en la presencia de Dios es algo que pertenece al ámbito del espíritu, ámbito en el cual se activan las promesas de Dios. En el reino del espíritu, la victoria te llega. No puedes vencer tu pecado fuera de esa esfera. Es imposible. Puesto que la Biblia dice: "Porque la ley del Espíritu de vida en Cristo Jesús [que significa en el Espíritu] me ha librado de la ley del pecado y de la muerte" (Romanos 8:2 RVR1960). No puedes conocer verdaderamente el amor de Dios sin estar en ese reino.

> Pues estoy convencido de que ni la muerte ni la vida, ni los ángeles ni los demonios, ni lo presente ni lo por venir, ni los poderes, ni lo alto ni lo profundo, ni cosa alguna en toda la creación podrá apartarnos del amor que Dios nos ha manifestado en *Cristo Jesús nuestro Señor*.
> —ROMANOS 8:38-39

En el instante en que estás en Cristo en el espíritu, su amor es real. "[Ora] en todo tiempo con toda oración y súplica *en el Espíritu*" (Efesios 6:18 RVR1960). Entras cuando él te da vida y, al atravesar la puerta, experimentas a Jesús. En el altar experimentas su sangre y en la fuente su Palabra. Conoces su voluntad en el candelabro. Luego te entregas —rendido— a la mesa donde están los panes de la proposición —o los panes de la Presencia—, y él se encarga de tu vasija. Por último, adoras en el altar del incienso, mientras su gloria te envuelve al disfrutar el arca del pacto desde donde él te habla. Y luego te vas y él irá contigo.

En ese lugar secreto es donde está tu seguridad. Fuera de ese lugar secreto lo que hay es peligro. Veamos lo que dijo David al respecto bajo la unción del Espíritu en el Salmo 32:7.

> Tú eres mi refugio; tú me protegerás del peligro y me rodearás con cánticos de liberación.

Eso es lo que sucede en el lugar secreto. Ahí es donde disfrutas de seguridad. En la actualidad, con todo el miedo que hay en el mundo, nuevas plagas y nuevas amenazas, es posible que te sientas tentado a preguntarte en qué tipo de mundo vivirán tus hijos y tus nietos. Yo también pienso en eso. Pero el Señor me asegura que estarán bien si permanecen en el lugar secreto. Estarán protegidos. Nosotros también lo estaremos mientras permanezcamos en el lugar secreto.

Ten misericordia de mí, oh Dios, ten misericordia de mí; porque en ti ha confiado mi alma, y en la sombra de tus alas me ampararé. Hasta que pasen los quebrantos.
—SALMOS 57:1 RVR1960

Lo que he escrito hasta ahora es la base que te mantendrá a salvo en sus brazos. En las próximas páginas quiero tratar el tema de la unción que viene sobre ti para el ministerio, cuán diferente es esta de la unción que ya está en ti, y cómo ambas pueden trabajar juntas para traer la revelación más asombrosa del Señor a un mundo que necesita desesperadamente de él.

SEGUNDA PARTE

UNGIDO PARA EL MINISTERIO

Capítulo 8

EL MISTERIO DE LA
UNCIÓN DE PODER

L A UNCIÓN DE poder es un tema que muchos creyentes desconocen por completo. Sin embargo, si eres un hijo de Dios, limpio por la sangre de Jesús y sellado por su Espíritu, puedes y debes operar con esa unción. Recuerda, la unción permanente de 1 Juan 2:27 *está en ti* así como la unción fortalecedora, de Hechos 1:8, está *sobre* ti. Son independientes. Muchos creyentes ni siquiera son conscientes de la actividad del Espíritu Santo en sus vidas, y mucho menos de los diversos tipos de unción. Pero si deseas ser usado por Dios, es esencial que entiendas cómo operar en la unción de poder.

No todos son llamados a pararse detrás de un púlpito o a ocupar un oficio de apóstol, profeta, evangelista, pastor o maestro. Sin embargo, todo cristiano puede y debe tener un ministerio, ya sea intercediendo en oración para pelear batallas espirituales, testificar a otros y guiarlos a Cristo, imponiendo manos sobre las personas para orar por sanidad, obrar milagros, ministrar a otros a través de palabras de conocimiento u otros dones espirituales o, simplemente, el ministerio de ayuda. Y si va a ser usado por Dios para ministrar a otros, debe tener la unción de poder.

He encontrado a David, mi siervo, y lo he ungido con mi aceite santo.

—SALMOS 89:20

EDIFICA SOBRE LA UNCIÓN PERMANENTE

La unción de poder debe construirse sobre el fundamento seguro de la unción permanente. De modo que empecemos echando otro vistazo a Hechos 1:8.

Cuando venga el Espíritu Santo sobre ustedes, recibirán poder y serán mis testigos.

Es probable que te sorprenda saber que la unción de poder *sobre* ti no tiene que ver *contigo*. Y no tiene que ver contigo porque no puedes ganártela ni alcanzarla por tus propios esfuerzos. No se trata de ti porque no es para tu beneficio personal. Es para beneficio de los demás. No tiene que ver contigo porque con el que tiene que ver es con él. Tiene que ver con el Señor Jesús. La unción de poder es para la *gloria de Dios. No tiene que ver contigo.*

La unción permanente que él ha puesto en ti está completamente bajo el control de Dios. Él está absolutamente encargado de ello. Mientras estés caminando con el Señor y permaneciendo en su presencia, estarás viviendo en la plenitud de esta unción dentro de ti. Esa unción tiene un propósito principal: transformarte a la imagen del Señor. Eso es todo.

Esa es la emoción de la vida cristiana. Que se trata de mucho más que simplemente andar en camino al cielo. Lo que hace que la vida cristiana sea tan emocionante es que continuamente te estás pareciendo más a Jesús. El cambio comenzó el día que fuiste salvo, y desde entonces te has ido volviendo más y más parecido a Jesús cada día. Mientras permanezcas aquí en esta tierra, seguirás siendo transformado a la imagen de Cristo Jesús. Eso es lo que hace la unción permanente.

CONTRASTE ENTRE LA UNCIÓN PERMANENTE Y LA UNCIÓN DE PODER

Cada cristiano recibe la unción permanente en el instante en que profesa a Cristo y accede a la salvación de su alma; sin embargo, no todos los cristianos reciben la unción de poder. Dios reserva esta unción para aquellos que él usa en el ministerio. Esa unción solo se recibe después de que hemos crecido en intimidad con el Señor y que él confía en nosotros.

La unción permanente, dentro de ti, te edifica espiritualmente; la fuerza con la que opera depende de tu propio anhelo o hambre por Dios. Pero la unción de poder, que está *sobre* ti, se basa principalmente en el hambre de las personas a las que ministras. Como resultado de *su* anhelo por el poder de Dios, este comienza a llenarte con todo lo que ellos necesitan. Pueden necesitar milagros. Algunos pueden necesitar liberación. Muchos necesitarán sanación. Ahora bien, la carga del ministerio se hace muy pesada por las necesidades del pueblo; de manera que, si tratas de llevarla por tu propia fuerza, puedes caer y quedar aplastado.

> No será por la fuerza ni por ningún poder, sino por mi Espíritu —dice el Señor Todopoderoso.
> —ZACARÍAS 4:6

Si pasas tiempo cada día en profunda comunión e intimidad con el Señor, serás lo suficientemente fuerte para llevar esa carga. Ahora, si no dedicas tiempo a estar en su presencia, será demasiado grande para ti y no querrás ni siquiera intentar llevarla.

Si vas a ser usado por Dios en cualquier función ministerial, la unción de poder es esencial. Este equipamiento vital te permite trabajar para el Señor y cumplir tu propósito en el ministerio al que Dios te ha llamado. Créeme cuando te digo que no desearás estar en el ministerio sin el poder del Espíritu Santo. Sermones perfectos sin la unción caen a tierra sin resultados. Los cantantes más talentosos del mundo sin la unción nunca han cambiado una vida. Es la unción lo que hace la diferencia. La unción de poder es lo que hace que te distingas de los demás.

PELIGROS DE LA UNCIÓN DE PODER

Ahora te diré algo que nunca aprenderás en una institución educativa bíblica: los peligros de la unción de poder. Este no es un tema que se enseñe en las aulas o se predique desde los púlpitos. Pero lo cierto es que existen peligros genuinos que pueden hacerte mucho daño a ti mismo, a tu familia y a las personas a las que ministras si no lidias adecuadamente con la unción fortalecedora.

Veamos lo que el profeta Samuel le dijo a Saúl.

> Entonces el Espíritu de Jehová vendrá sobre ti con poder, y profetizarás con ellos, y serás mudado en otro hombre. Y cuando te hayan sucedido estas señales, haz lo que te viniere a la mano, porque Dios está contigo.
> —1 SAMUEL 10:6-7

Primero, observa que dice "el Espíritu de Jehová vendrá sobre ti", *sobre* ti, no *a* ti. Por tanto, sabemos que esa es la unción externa, la unción que da poder. A continuación, fíjate que el versículo 7 dice: "...haz lo que te viniere a la mano". Por eso hay peligro, porque ahora el que tiene el control eres tú. Dios se encarga de la unción permanente, la que crece y se profundiza a medida que tienes comunión con él. Pero tú eres el que se encarga de la unción de poder, que viene sobre ti para ministrar a otros. Dios controla la unción *en* ti; tú controlas la unción *sobre* ti. Puedes usarla o abusar de ella. Puedes emplearla para bendecir a la gente o utilizarla mal y perjudicar a la gente.

Debes lograr esto. Es vital que lo entiendas. La mayoría de las personas desconocen eso. El versículo 7 dice: "Haz lo que te viniere a la mano". Esto significa hacer lo que venga a tu espíritu mientras sirves en el ministerio. Ahora que la unción de poder es tuya, haz lo que te sientas guiado a hacer.

Cuando Dios pone la unción de poder sobre ti, te está confiando ese equipamiento divino. Él confía tanto en ti que te pone a cargo de ello. ¡Piensa en lo extraordinario que es eso! Él se encarga de la unción permanente, la que te transforma, pero te da el control de la unción de poder a *ti*, la que muestra su poder al mundo.

Lo que hace que esta unción sea tan extraordinaria es lo mismo que la hace tan peligrosa: Dios nos da el control de ella. Pero si no tienes cuidado, ese nivel de poder puede subírsete rápida y fácilmente a la cabeza. Puedes hacer un gran daño con él. Y, por desdicha, muchos lo han hecho.

¿Qué vas a hacer con la unción de poder? Muchos serán rechazados porque no la usaron de manera apropiada. El Señor llama a esas personas hacedores de iniquidad y dice: "Jamás los conocí" (Mateo 7:23). Sabemos que esto es cierto porque hemos visto personas que casualmente han intentado jugar con la unción de poder. Han confundido esa sagrada investidura con la ambición carnal, creando carreras o profesiones en vez de oír llamados divinos. La han usado para manipular a otros, para ganar dinero. La han convertido en mercancía barata y la han puesto a la venta.

La unción de poder es un don precioso. Debemos respetarlo y considerarlo valioso y, además, usarlo con reverencia. Muchos han perdido el santo temor de lidiar con la unción de poder. Este es un error peligroso; es algo que no debe tomarse a la ligera. Lo que Dios te ha confiado es su poder, su tremendo poder. Por tanto, es mejor que sepas lo que estás haciendo con él y lo trates de forma adecuada y con la debida conciencia. Te digo esto porque no quiero que lesiones a otros ni te lastimes a ti mismo con el don que Dios te ha dado. El mal manejo de la unción de Dios ha causado gran daño a muchas personas; algunas, incluso, han muerto. Pregúntale a Uza. Uza era hijo de Abinadab, en cuya casa se había puesto el arca del pacto cuando la llevaron de la tierra de los filisteos. Creo que Uza se sintió demasiado cómodo con el arca del pacto en su casa y comenzó a tratarla con indiferencia. Debemos reverenciar la santa presencia de Dios siempre y respetar la unción poderosa que descansa sobre nosotros.

> Al llegar a la parcela de Nacón, los bueyes tropezaron; pero Uza, extendiendo las manos, sostuvo el arca de Dios. Entonces la ira del Señor se encendió contra Uza por su atrevimiento y lo hirió de muerte ahí mismo, de modo que Uza cayó fulminado junto al arca.
>
> —2 SAMUEL 6:6-7

Si alguien emplea inapropiadamente la unción de poder, puede dañar su propia vida. Puede traer destrucción a su alma. ¿Recuerdas lo que dije en el capítulo 3? Esta unción de poder que viene sobre ti no te resguarda del engaño. Tu unción interna, la permanente, es la que te protege del engaño; pero si descuidas el nutrir la unción permanente, puedes ser engañado y manejar mal la unción poderosa que viene sobre ti. Puedes usar mal el nombre del Señor y su unción. Es por eso que Mateo 7:22-24 dice que en ese día muchos dirán: "Señor, Señor, ¿no profetizamos en tu nombre, y en tu nombre expulsamos demonios e hicimos muchos milagros?" Entonces les diré claramente: "Jamás los conocí. ¡Aléjense de mí, hacedores de maldad!".

Capítulo 9

LA UNCIÓN DE PODER CRECE Y SE MULTIPLICA

A MEDIDA QUE LA unción de poder crece y se multiplica, el don de la fe comienza a operar. Recuerda lo que expresé sobre las diferentes clases de fe: la medida de la fe se da con la salvación, el fruto de la fe es el resultado de la salvación, y el don de la fe es el don del ministerio. Ahí es cuando Dios te está usando en el ministerio.

Vemos esta progresión en el Libro de los Hechos. En Hechos 2:47, la Escritura nos muestra que el Señor añadió; en 6:1 multiplicó y en 6:7 multiplicó en gran manera. Así que hay crecimiento en la unción de poder. Pasamos de la suma a la multiplicación y de esta a la gran multiplicación. Después de eso, ni siquiera leemos sobre recuentos o números. La Escritura simplemente dice multitudes, multitudes, multitudes. ¿Por qué? Porque ahora era un océano masivo de creyentes. Así es como crece la unción de poder: va de la suma a la multiplicación y a la gran multiplicación.

Ahora permíteme que te muestre algunas cosas que pueden hacer que la unción de poder aumente y se intensifique.

LA PALABRA DE DIOS

La Palabra de Dios es lo primero que aumentará la unción. Job 29:6 (RVR1960) dice: "¡Cuando lavaba yo mis pasos con leche, y la piedra me derramaba ríos de aceite!". He enseñado sobre esto, pero puede ser difícil de entender para algunas personas. Lavar tus pasos con leche se refiere a caminar en lo profundo e insondable de la Palabra de Dios. La profundidad de la Palabra de Dios no se conoce con solo leer —a la ligera— tres capítulos cada día. No hallas la profundidad de la Palabra de Dios leyendo con rapidez toda la Biblia. Es más, no la comprendes simplemente completando un plan de "Leer la Biblia en un año".

Por favor, comprende que es bueno leer toda la Biblia y lo recomiendo mucho, pero ese no es el punto aquí. Los veleros navegan sobre la superficie del agua con rapidez. La superficie es el único lugar sobre el que pueden desplazarse. En cambio, los submarinos se meten debajo de la superficie, incluso hasta el fondo del mar en algunos casos. Pero, dependiendo de los materiales y la construcción de la nave, existen límites en cuanto a la profundidad a la que puede llegar un submarino. Solo un vehículo de inmersión profunda, o un buque de apoyo al buceo, puede llegar a las verdaderas profundidades del océano, sumergirse en las trincheras y explorar lugares que antes no podían ser examinados por el hombre.

Así es con la Palabra de Dios. Lo que quiero recalcar es que el simple hecho de leer las Escrituras en forma casual es insuficiente si estás buscando alcanzar los lugares profundos de la Palabra de Dios. La mera lectura puede ser superficial y solo puede producir una comprensión débil y a medias. Para experimentar su profundidad, hay que estudiarla, escudriñarla, internarse en ella, investigarla, escrutarla, examinar sus trincheras.

Si deseas descubrir el tesoro escondido que yace en la Palabra de Dios, necesitarás herramientas de precisión para excavar las riquezas de las Sagradas Escrituras. Profundiza en el significado de las palabras hebreas y griegas, luego conoce lo que realmente dice la Biblia. Puedes hacer eso usando algunas herramientas de estudio; la *Concordancia de Strong* y una Biblia comentada u otra versión pueden ser útiles. Una aplicación de la Biblia o una guía de estudio en línea puede proporcionar múltiples traducciones y herramientas de estudio para facilitar el acceso. Estas herramientas te ayudarán a ver las Escrituras a través de una lente más amplia, observar los detalles, y comprender un alcance más grande de la preciosa Palabra de Dios.

Permíteme que me tome un momento para contarte algo que me sucedió. Hace años en Orlando, Florida, la unción vino a mi vida de manera fuerte cuando levanté la vista de donde estaba sentado y dije: "Querido Jesús, dame una revelación de la sangre". Sentí un gran poder que brotaba de mi ser cuando dije eso. Entonces comencé a estudiar la sangre a lo largo de la Palabra de Dios. Había estado leyendo la Biblia, pero todo nuestro ministerio despegó cuando empecé a *estudiar* la Biblia. La iglesia comenzó a crecer como un reguero de pólvora.

La Biblia dice: "Esfuérzate por presentarte a Dios aprobado" (2 Timoteo 2:15). Hoy en día, es mucho más fácil con internet que lo que hacía yo en los años setenta y ochenta. En ese entonces tenía libros por todas partes y me ardían los ojos; sentía dolor físicamente. Tenía que estirarme, moverme con cuidado y volver a echarme en el piso buscando un lugarcito cómodo porque no había espacio en ninguna mesa para todos los libros que investigaba. Estaban dispersos por todo el suelo. Me encerraba por horas y días. Y no es una exageración. Pero llegó la unción. La unción de poder viene cuando pagas el precio. Cuando estés dispuesto a pagar el precio estudiando la eterna Palabra de Dios, vendrá la unción poderosa.

Procura con diligencia presentarte a Dios aprobado, como obrero que no tiene de qué avergonzarse, que usa bien la palabra de verdad.

—2 TIMOTEO 2:15 RVR1960

LA SANGRE DE JESÚS

La sangre de Jesús es la segunda verdad que la Biblia dice que mantendrá la unción creciendo en intensidad. Si uno no permanece bajo el flujo purificador de la sangre de Jesús, un día la unción de poder puede destruir a ese individuo porque no está limpio. Aquellos que operan en el ministerio deben mantener una vida recta. Rut 3:3 afirma: "Te lavarás, pues, y te ungirás". Estas son palabras de Noemí, que le dijo a Rut que primero se lavara y luego se ungiera. Esto significa que primero la sangre te lava y luego puedes ser ungido para el servicio de Dios. La sangre de Jesús te mantiene intenso en la unción poderosa de Dios. Mantiene la intensidad sobre tu ministerio.

COMUNIÓN CON DIOS

El tercer aspecto que producirá un aumento, o expansión, de la unción fortalecedora en tu vida es la comunión con Dios, que —básicamente— es oración constante. Smith Wigglesworth dijo: "No suelo pasar más de media hora orando, pero nunca paso más de media hora sin orar".[1]

No recibirás la unción de poder si solo oras unos minutos al día. Se necesita más esfuerzo, más determinación, más poder de perseverancia. En Hechos 1:4, el Señor Jesús les dijo a sus seguidores que esperaran en Jerusalén; y la Palabra dice en el versículo 14: "Todos, en un mismo espíritu, se dedicaban a la oración". Ellos continuaron en eso y luego, en Hechos 2, nos dice que el poder se derramó sobre los que estaban ahí. De modo que se necesita una oración constante y concertada para alcanzar ese nivel. No puedes recibir el poder prometido en Hechos 2:4 sin practicar primero la oración constante de Hechos 1:14.

LA ASOCIACIÓN CON OTROS HOMBRES Y MUJERES UNGIDOS

La Palabra de Dios, la sangre de Jesús y la oración constante intensifican la unción de poder. Pero no olvides el poder transformador que da iniciar actividades ministeriales con asociados adecuados. Buscar deliberadamente las asociaciones apropiadas con otros hombres y mujeres ungidos de Dios intensifica de manera absoluta la unción que da poder. Pregúntale a Josué. Que era un hombre que amaba la Palabra. Se pasaba el tiempo en el tabernáculo. Abrazó la ley de Dios y le encantaba la comunión con él. Pero Josué también entendió que no debía dejar a Moisés. Sabía que, si lo dejaba, perdería esa asociación ordenada por Dios.

En mi caso, no sé cómo me di cuenta de esto, pero lo supe y vi los resultados en mi propia vida incluso después de convertirme en evangelista y pastor. Empecé a predicar como evangelista en 1974, me convertí en pastor en 1983, pero mucho antes de eso, algo en mí me decía que no me desconectara del ministerio de Kathryn Kuhlman.

La escuchaba todos los días en la radio a las ocho de la noche en punto. Su transmisión provenía de la ciudad de Wheeling, estado de West Virginia, mientras yo tomaba notas de sus mensajes en Toronto, Canadá. Apenas podía escuchar la estación porque estaba muy lejos. Pero no me importaba. Me veía obligado a escuchar a la señora Kuhlman. Todavía escucho sus grabaciones. Es probable que te preguntes: «¿Por qué?». A lo que yo contestaría: "Por la *conexión*".

Tal vez para ti la clave sea leer libros de Andrew Murray o de otros grandes líderes cristianos. Tal vez sea grabar tu programa cristiano favorito mientras estás en el trabajo para verlo y saborearlo cuando estés libre para concentrarte en eso. Cuando leas, mires o escuches a los hombres y mujeres de Dios con los que te sientes guiado a conectarte, sentirás su unción; no importa dónde te encuentres. Incluso si ellos ya están en el cielo, aún sentirás la unción mientras estés en la tierra. El Señor no solo unge a los individuos, unge sus ministerios. Cuando un ministro se va al hogar celestial, la unción de poder sobre su ministerio continúa tocando vidas en la tierra a través de sus grabaciones, videos y libros. La unción se adhiere a la página impresa; se remonta en las ondas hertzianas de las transmisiones. Si la unción fluía cuando se escribieron determinadas páginas o cuando se escribió cierto sermón o una canción, todavía podrás sentirla. La unción no está limitada por el tiempo ni por el espacio. Ella hace su trabajo cuándo y dónde Dios lo requiera.

He aprendido por experiencia propia la importancia de permanecer asociado con los hombres y mujeres ungidos de Dios. Mi comunión con Dios crece cuando camino con él. Su presencia se intensifica mientras permanezco en comunión con él. Pero la unción fortalecedora se desarrolla y se expande cuando sigo caminando de cerca con Dios y conectado con los hombres y mujeres a quienes Dios está usando. La comunión con aquellos que Dios usa es esencial. La comunión con Dios y con sus santos es la clave. Hebreos 10:25 dice: "No dejemos de congregarnos". Por tanto, no descuides el poderoso principio de mantenerte conectado con aquellos que ministran bajo la unción de poder. Eclesiastés 4 enfatiza este poderoso principio.

> Más valen dos que uno, porque obtienen más fruto de su esfuerzo. Si caen, el uno levanta al otro. ¡Ay del que cae y no tiene quien lo levante! ... Uno solo puede ser vencido, pero dos pueden resistir. ¡La cuerda de tres hilos no se rompe fácilmente!
>
> —ECLESIASTÉS 4:9-10, 12

Así que *tú por ti mismo* eres poderoso en Dios. Todo lo *puedes* en Cristo que te fortalece. Ninguna arma forjada contra ti prosperará. Mayor es el que está en *ti* que el que está en el mundo.

Uno puede hacer huir a mil, sí, a mil. Mil es bastante. Pero dos pueden hacer huir a diez mil. En el mundo uno más uno es igual a dos. En el reino de Dios uno más uno es igual a diez mil. Con ese tipo de matemática, uno puede hacer huir a mil, dos pueden hacer huir a diez mil, tres pueden hacer huir a cien mil y cuatro pueden hacer huir a un millón. Somos más fuertes juntos.

> Además les digo que, si dos de ustedes en la tierra se ponen de acuerdo sobre cualquier cosa que pidan, les será concedida por mi Padre que está en el cielo. Porque donde dos o tres se reúnen en mi nombre, allí estoy yo en medio de ellos.
>
> —MATEO 18:19-20

De forma que asociarse con hombres y mujeres de Dios es esencial para el ministerio. Esa asociación intensifica la unción de poder.

LA UNCIÓN DE PODER SE SIENTE

Así que puedes *sentir* la unción de poder. Esta afecta tus emociones, tu cuerpo físico. Sin embargo, no afecta tu espíritu ni tu conducta. La unción permanente *interna* afecta tu espíritu. La unción de poder *sobre* ti afecta tu cuerpo físico y tus sentimientos. Es por eso que cuando estás bajo ella, te vuelves emocional. Te vuelves más fuerte físicamente. 1 Samuel 10:6 dice: "tú ... serás una nueva persona". Cuando el Espíritu venga sobre ti, te convertirás en una persona distinta. Hablarás de manera diferente, actuarás de manera desigual, pensarás de manera diferente y te sentirás distinto. Todo en ti es diferente.

Cuando la unción de poder descansa sobre ti, puedes volverte inusualmente ruidoso, expresivo, emocional o sensible. Lo sé por experiencia. Soy muy tranquilo y predecible cuando estoy adorando al Señor, pero en el momento en que me rindo a él y esa unción poderosa descansa sobre mí, me vuelvo muy agudo y audaz. Nadie sabe qué puedo hacer a continuación. Por tanto, ahora eres responsable de ese empoderamiento celestial que te equipa para el ministerio.

Sientes su unción tangiblemente en tu cuerpo físico. La unción fortalecedora puede fluir de ti como un río de alegría. El Salmo 45:1 dice: "En mi corazón se agita un bello tema mientras recito mis versos ante el rey; mi lengua es como pluma de hábil escritor". *Agitar* significa hervir. El salmista estaba diciendo: "Mi corazón está burbujeando o hirviendo con un buen asunto. No puedo contenerlo. Me entusiasma mucho".

La unción de poder puede venir con temblores. En el Antiguo Testamento, Daniel sintió la unción en su cuerpo y comenzó a temblar (Daniel 10:10). Esto también es algo que experimenté en uno de los servicios de la señora Kuhlman. Temblé por tanto tiempo que todo mi cuerpo se estremecía. Mis huesos parecían estar desprendiéndose de las articulaciones. Sentí esa unción del Espíritu Santo muy fuerte, estando de pie afuera y luego dentro de la iglesia en la que ella ministraba en 1973 cuando la vi por primera vez, me pasé todo el tiempo temblando. Parecía como si tuviera frío. Pero no era eso, no tenía frío. No lo sentí en lo absoluto.

En otra instancia, la Biblia dice que el profeta Jeremías sintió fuego en su boca (Jeremías 5:14) y en su corazón (Jeremías 20:9). Cuando Dios habló a través de Jeremías, sintió fuego. He sentido ese fuego. Nunca olvidaré la predicación en nuestra iglesia, Orlando Christian Center, y en las cruzadas cuando sentía el fuego en mi boca. Dios pone su fuego en tu lengua, en tu boca. La unción de poder quema y puedes sentir su intensidad en tu ser.

No solo hay fuego en tu boca, también lo sientes en tu corazón. Cuando predicas, lo sientes en tus huesos. Puedes sentirlo en tu cuerpo. He sentido tanto fuego en mí, tal ardor interior, que he llegado a pensar: "¡Voy a estallar!". La piel de algunas personas se pone tan roja que parece un tomate. Solía ver eso con la señora Kuhlman. Se enrojecía tanto por el calor de la unción de poder que literalmente podías sentirla cuando se te acercaba.

Una vez, cuando se acercó a mí caminando por el pasillo, su rostro se iluminó con fuego. Estaba tan roja —sus mejillas y todo su rostro— que cuando me miró, el poder de Dios vino sobre mí. Quedé noqueado con la sola mirada de ella. Me desvanecí.

También había un ardor en mi corazón. Aprendemos esto de los discípulos que se encontraron con Jesús en el camino a Emaús.

Se decían el uno al otro:

—¿No ardía nuestro corazón mientras conversaba con nosotros en el camino y nos explicaba las Escrituras?
—Lucas 24:32

El ardor y el fuego son dos cosas diferentes. El ardor es lo mismo que ser constreñido, presionado en el Espíritu. Ardes con la unción de poder y luego testificas. Está dentro de ti, pero todo tu ser está a punto de estallar. Tienes que decirlo, pero el momento puede ser inapropiado. Tienes que esperar el tiempo de Dios.

Muchas veces sentimos ardor cuando Dios nos da una palabra profética. Pero tenemos que esperar el momento propicio para expresarla. Si no esperamos su tiempo, si lo expresamos en el momento inadecuado, no tendrá el efecto en las personas que Dios planeó. Por tanto, debemos callar hasta el momento oportuno, y entonces la Palabra de Dios tendrá mayor impacto. Recuerda:

> Los espíritus de los profetas están sujetos a los profetas.
> —1 Corintios 14:32 RVR1960

¡Abróchate el cinturón de seguridad! Estamos acelerando hacia la próxima demostración de la unción de poder.

Capítulo 10

LA UNCIÓN DE PODER SE PUEDE TRANSFERIR Y ALMACENAR

A HORA BIEN, NO solo crece la unción de poder, no solo la sientes en tu cuerpo, sino que también es transferible. Es decir, puedes ungir a otros. En 2 Reyes 4:16-29, la sunamita encontró a Eliseo y le dijo que su hijo había muerto. Entonces Eliseo le ordenó a su siervo Guiezi: "Arréglate la ropa, toma mi bastón y ponte en camino. Si te encuentras con alguien, ni lo saludes; si alguien te saluda, no le respondas. Y, cuando llegues, coloca el bastón sobre la cara del niño" (v. 29).

Cuando Guiezi puso el bastón sobre el niño, no sucedió nada; puesto que estaba distraído. Eliseo le había advertido que no hablara con nadie porque la distracción mata la unción, cierra el flujo y la disipa. Sin embargo, eso no cambia el hecho que se muestra aquí de que la unción de poder puede transferirse a un objeto inanimado como ese bastón.

Otro pasaje de las Escrituras muestra que la unción de poder se transfiere a un cadáver. ¿De qué otra manera podrían los huesos de Eliseo resucitar al hombre amalecita en 2 Reyes 13? La unción de poder que permaneció en los huesos de Eliseo después de haber sido sepultado entró en contacto con el cuerpo del hombre amalecita recientemente fallecido, y esa unción de poder se transfirió de los huesos de Eliseo al cuerpo muerto del segundo hombre, reviviéndolo y trayéndolo a la vida, y el hombre se puso de pie.

La unción de poder se puede transferir a través de las manos de alguien. Hechos 19 dice que las manos de Pablo transfirieron el poder del Espíritu Santo. Sus manos se convirtieron en el canal de poder. A través de ese canal, la unción de poder se derramó en los pedazos de tela que le habían sido traídos, y una vez que la unción de poder se almacenó en esos remanentes, permaneció allí hasta que se conectó con su propósito.

> Dios hacía milagros extraordinarios por medio de Pablo, a tal grado que a los enfermos les llevaban pañuelos y delantales que habían tocado el cuerpo de Pablo, y quedaban sanos de sus enfermedades, y los espíritus malignos salían de ellos.
>
> —Hechos 19:11-12

He experimentado esto en mi ministerio. La unción de poder no solo se transfiere de mis manos cuando toco algo, sino que también lo hace desde mi cuerpo a mis camisas y mis trajes. Esta es la razón por la que a veces le lanzaba la chaqueta a la gente. He visto más poder liberado cuando lanzo mi chaqueta que cuando impongo mis manos. ¿Sabes por qué? Porque mi chaqueta lo almacena.

Al principio, no podía creerlo. Entonces me di cuenta de que es como absorber líquido con un paño, y mientras estoy ministrando, sigue absorbiendo más, más y más y más. Ahora absorbo más que cuando empecé. Ahora la unción gotea y satura. Y cuanto más espero, más poder se libera.

La unción de poder se forja en un objeto, en un trozo de madera, en una tela. A veces gotea de la ropa. La mujer con flujo de sangre en Lucas 8 entendió eso. Ella dijo: "Si solo pudiera tocar el borde del manto de Jesús", y el Señor sintió que la unción poderosa atravesaba la tela. "¿Quién me tocó?", preguntó Jesús. Sabía que había salido poder de él. Claro, lo sintió salir.

Yo también lo he sentido muchas veces porque se almacena en la ropa así como en otros objetos. ¿No es asombroso que Dios nos dé el encargo de guardarlo para otro momento? Piensa en eso.

PODEMOS IMPARTIR ESTA UNCIÓN

La unción de poder es la única que podemos impartir. No puedo imponerle las manos a nadie y decir: "Sé salvo". Tampoco puedo impartir la unción permanente de 1 Juan 2:27 que viene en la salvación porque es del Señor. No puedo impartir al Señor.

No puedo poner mis manos sobre alguien y decir: "Recibe al Espíritu Santo". Eso ni siquiera es bíblico. Pero puedo impartir los *dones* del Espíritu Santo. Solo el Señor Jesús da el Espíritu Santo. (Ver Juan 20:22).

Sin embargo, nosotros —la iglesia— podemos impartir el poder y la unción del Espíritu Santo. Esta es la unción de poder de Hechos 1:8. Es la unción que Dios pone sobre ti. Dios aplica la unción de poder sobre individuos llenos del Espíritu a quienes ha confiado para que ocupen un puesto específico.

Recuerda lo que dice la Biblia en Hechos 6. Había una pequeña situación allí. Los discípulos se habían multiplicado y los creyentes judíos de allí no estaban cuidando a los creyentes judíos helénicos, que eran griegos. Sus viudas fueron desatendidas. Entonces los griegos se acercaron a los apóstoles para decirles: "Miren, no es justo lo que nos está pasando aquí". Y esto es lo que dijo el apóstol:

> Hermanos, escojan de entre ustedes a siete hombres de buena reputación, llenos del Espíritu y de sabiduría, para encargarles esta responsabilidad. Así nosotros nos dedicaremos de lleno a la oración y al ministerio de la palabra

... Esta propuesta agradó a toda la asamblea. Escogieron a Esteban, hombre lleno de fe y del Espíritu Santo, y a Felipe, a Prócoro, a Nicanor, a Timón, a Parmenas y a Nicolás, un prosélito de Antioquía. Los presentaron a los apóstoles, quienes oraron y les impusieron las manos.

—Hechos 6:3-6

El poder para ministrar vino cuando les impusieron las manos. Esos individuos estaban llenos del Espíritu, eran nacidos de nuevo, hombres fieles y de confianza, y ahora los apóstoles les impusieron las manos y les impartieron el poder para el ministerio. Antes de imponerle las manos a alguien, debemos tener cuidado de que el Señor realmente nos haya dicho que hagamos eso. (Hablaré más sobre eso en otro capítulo). Pero hay momentos en que Dios quiere que impartamos la unción de poder a otros al imponerles las manos, por lo que debemos obedecerlo cuidadosamente y en oración en cuanto a esto.

Esta unción afecta nuestra debilidad

Mientras escribo esto, sé que cada uno de nosotros tiene al menos una debilidad. Cuando la unción de poder viene sobre los individuos, magnifica todo. Si tu debilidad no está bajo control, la unción fortalecedora la despertará porque lo agita todo, lo bueno y lo malo. La unción de poder sobre ti afecta tu cuerpo y tu alma. No afecta tu espíritu.

La unción permanente, la que está *en* ti, afecta tu espíritu y tu vida espiritual. Pero la unción de poder, que está *sobre* ti para ministrar, afecta tu cuerpo y tu alma. Afecta tus emociones y tu fuerza física. Es por eso que, bajo la unción, la gente se pone ruidosa. Se vuelve audaz, agresiva. Ese es el resultado de la unción de poder que revuelve todo. Es algo bueno porque los hace fuertes. Pero también despierta cosas malas, incluida cualquier debilidad en la vida de la persona.

Todos nosotros, llamados y no llamados, tenemos defectos. Me refiero a todos; no hay excepción. Todos esos defectos se agitan bajo la unción de poder si no se controlan en una manera adecuada. La única forma en que puedes controlar tus defectos es en la presencia del Señor. Cuando practicas la presencia de Jesús, esa debilidad no tiene adónde ir. Se frunce. Está bajo control. Todavía está allí, pero no tiene sonido, no tiene lugar. Es como si estuviera paralizada, sin responder. Cuando ministras bajo la poderosa unción de Dios, esa debilidad no aparece porque la presencia de Dios bajo la unción permanente ya se ocupó de ella.

Por ejemplo, imagínate a alguien que miente mucho. Siempre miente sobre algo. Creció mintiendo porque vivía con temor a su papá, a su mamá o a su maestro, y aprendió a mentir para salir de los problemas. (Todas las mentiras comienzan con miedo. Si una persona no es liberada, la mentira se convierte en una fortaleza demoníaca). Así que siempre miente y no puede parar.

Sin embargo, en la presencia de Dios, esa fortaleza mentirosa pierde su poder y se marchita. Esa persona siempre dice la verdad cuando el Señor Jesús está presente. Puede controlar la mentira porque pasa tiempo viviendo en la presencia de Dios, que es el precio que debe pagar para obtener ese control. El precio, repito, es pasar tiempo con él. Los momentos con el Señor Jesús constituyen el precio que se debe pagar para obtener ese control sobre nuestra debilidad.

Dios, entonces, puede comenzar a usar a esa persona debido a su fidelidad y a que ha podido controlar su debilidad. Si no pasa tiempo en la Palabra, la oración y la comunión con él, entonces esa debilidad empieza a aparecer nuevamente. Vuelve y pronto se fortalece, cada vez más. Así que ahora está bajo la unción de poder y no ha pasado tiempo con el Señor. Lo siguiente que sabes es que ese individuo yace bajo la unción poderosa, y miente más cuando Dios lo está usando que cuando no lo está. ¡Ahora sus mentiras más grandes se dicen a través de la predicación!

Si la debilidad no es la mentira, puede ser una mujer, el orgullo, la codicia u otra cosa. Recuerda, la unción de poder magnifica todo en la persona, lo bueno y lo malo. Las personas están en su mejor momento cuando Dios las unge. Sin embargo, no solo sale de ellas lo mejor, sino también lo peor.

Es por eso que los mayores fracasos ocurren después de los mejores momentos en que se ha sido usado por Dios, independientemente de cuál sea tu ministerio. Tu momento más grande es el más peligroso puesto que cuando Dios te usa, todo se magnifica. La mayoría de los líderes ministeriales que caen en pecado lo hacen después de vivir sus mejores momentos.

Después de una gran victoria espiritual y un poderoso flujo de la unción fortalecedora, nuestras debilidades pueden salir a la superficie y tratar de superarnos. Debemos ser conscientes de ese sabotaje y fortalecernos a través del tiempo personal que debemos pasar con el Señor.

Es fácil entender esto cuando piensas en lo que sucede después de haber pasado un tiempo ministrando. Tus emociones son altas, pero tu fuerza es baja. Estás físicamente cansado. Ahí es cuando eres más vulnerable. Si esa debilidad se despierta porque no la controlaste en la presencia de Dios antes de ministrar, puedes pecar inmediatamente después de que Dios te use.

Supe de un hombre que podía predicar con gran poder pero, después, cada vez que predicaba, se acostaba con una mujer con la que no estaba casado. Eso me molestó profundamente, así que le pregunté a Oral Roberts al respecto. "¿Cómo puede suceder eso?".

Me dijo lo que acabo de contarte: "Todo el mundo tiene defectos, Benny. La unción despierta tanto lo bueno como lo malo. Pasa tiempo en la presencia de Dios antes de ministrar para que él pueda marchitar esas cosas. Y ora mucho después de que Dios te use, para que no caigas en pecado".

Ese ejemplo era acerca de la predicación, pero se aplica a cualquier cosa que hagas bajo la unción de poder. Después de haber sido usado por Dios, si te encuentras en una situación en la que tus fuerzas son débiles y sabes que tienes que estar solo y orar porque esa debilidad está a punto de llevarte al pecado, resiste la tentación de seguir ministrando. Detente de inmediato y aléjate, pase lo que pase. Si no lo haces, si continúas ministrando en ese estado debilitado, estás agotando las pocas fuerzas que te quedan y entonces no podrás orar en absoluto.

He experimentado eso cuando he estado ministrando por algún tiempo y más personas me piden que ore por ellos, por lo que pienso: "Aunque estoy cansado, debo ser amable. Así que tengo que orar por ellos". Pero debo decir que eso es muy peligroso. Eso es lo peor que puedes hacer cuando estás cansado. Dedicar un tiempo a solas en oración para reconectarte con la presencia de Dios después de ministrar bajo la unción fortalecedora también es protección para ti. Mantiene esa debilidad reducida y bajo control para que tus falencias humanas no queden expuestas a causa de tu cansancio. Así que, en vez de eso, despídete y quédate a solas en algún lugar para que puedas hablar con el Señor Jesús. De esa manera puedes permanecer fuerte y continuar manteniendo tu naturaleza humana bajo su control.

Mis ejemplos, a menudo, involucran el ministerio que se ejerce en la plataforma, pero la unción que da poder en tu vida fluirá a través de cualquier cosa que Dios te haya llamado a hacer como cristiano. Es posible que te llamen a un puesto de tiempo completo en una iglesia o en un ministerio grande. Quizás Dios te use como empresario, profesional de negocios, maestro de escuela, artesano, artista, músico o escritor. Dios puede usarte en tu papel de cónyuge, padre o abuelo.

Cualquiera que sea tu llamado, es la unción de poder lo que te permite cumplirlo. Ahora veamos qué desencadena esa unción externa, porque antes de que puedas ministrar *para* el Señor Jesús, debes ministrar *al* Señor Jesús.

Capítulo 11

EL MISTERIO DE MINISTRAR
AL SEÑOR EN ALABANZA

ES IMPOSIBLE CONOCER al Señor sin que haya adoración; esto es lo único que lo revela. Asimismo, es imposible ministrar al Señor sin adoración; eso desencadena el poder de Dios y lo mantiene activo y fluyendo en tu vida. Tanto la unción permanente como la que da poder dependen de la adoración a Dios. Es una verdad extraordinaria, te lo mostraré en las Escrituras.

> Vengan, cantemos con júbilo al Señor; aclamemos a la roca de nuestra salvación. Lleguemos ante él con acción de gracias, aclamémoslo con cánticos. Porque el Señor es el gran Dios, el gran Rey sobre todos los dioses. En sus manos están los abismos de la tierra; suyas son las cumbres de los montes. Suyo es el mar, porque él lo hizo; con sus manos formó la tierra firme. Vengan, postrémonos reverentes, doblemos la rodilla ante el Señor nuestro Hacedor. Porque él es nuestro Dios y nosotros somos el pueblo de su prado; ¡somos un rebaño bajo su cuidado!
>
> —SALMOS 95:1-7

Este salmo incluye algunas invitaciones asombrosas. Primero, somos invitados a cantar y a emitir sonidos alegres de alabanza a él. En ese ruido gozoso hay una revelación de lo que Dios ha hecho en nuestras vidas. El versículo 1 dice que él es la "roca de nuestra salvación". Nota que la invitación se repite en el versículo 2, y todavía está conectada con la alabanza y la acción de gracias. Luego el salmista dice que él es un gran Dios y un gran Rey, y nos invita a adorarlo. Ahora, quiero enfocarme en esto porque debemos entender cómo difiere la alabanza de la adoración.

Agradecemos a Dios por lo que ha hecho en nuestras vidas. Lo alabamos por su poder y su grandeza. Pero dice que lo *adoramos* por su santidad. Mira los versículos 6 y 7: "Vengan, postrémonos reverentes, doblemos la rodilla ante el Señor nuestro Hacedor. Porque él es nuestro Dios y nosotros somos el pueblo de su prado". Aquí vemos que la adoración es posible solo porque somos su pueblo.

De esto podemos ver que la acción de gracias y la alabanza están en un nivel diferente al de la adoración. Damos gracias por lo que hemos visto y experimentado; alabamos por lo que Dios ha hecho. La alabanza y la acción de gracias están conectadas con el mundo natural y nuestras experiencias en él. Como tales, provienen de la parte de nosotros que está conectada con el mundo natural: nuestros sentidos y nuestro ser físico. Pero *adoramos* desde una perspectiva de lo que él es y cómo estamos conectados con él, a través de nuestro ser espiritual. Mientras adoramos, entramos en su presencia, no simplemente como seres que él ha creado, sino como sus hijos, poseedores del privilegio de disfrutar su cercanía aun cuando somos intensamente conscientes de su naturaleza santa. Eso viene de nuestra parte más íntima, ya que nuestro hombre espiritual se une con el Espíritu de Dios.

El Salmo 96:9 (RVR1960) dice: "Adorad a Jehová en la hermosura de la santidad; Temed delante de él, toda la tierra". No es posible adorar a Dios sin una revelación de santidad y temor del Señor. Eso es, simplemente, imposible.

Seis razones para alabar

Los adoradores no pueden adorar hasta que aprendan a alabar. Es una lección fundamental que no se puede pasar por alto ni omitir. Nunca entendí esto hasta que escuché a Kathryn Kuhlman hablar al respecto. Veamos seis razones por las que debemos alabar.

1. La alabanza se manifiesta donde Dios vive.

El Salmo 22:3 (RVR1960) dice: "Pero tú eres santo, tú que habitas entre las alabanzas de Israel". Dios habita en nuestra alabanza. Es allí donde él vive. Esa es su dirección. Si no hay alabanza en tu vida diaria, no hay manera de que puedas adorar. Sin adoración no puedes acceder a la plenitud de su unción en tu vida. La alabanza es el escenario en el que Dios habita.

2. La alabanza nos da acceso a la sala del trono de Dios.

El Salmo 100:4 dice: "Entren por sus puertas con acción de gracias; vengan a sus atrios con himnos de alabanza; denle gracias, alaben su nombre". La alabanza no nos lleva a la sala del trono; solo abre la puerta de la sala del trono. Solo la adoración nos permite acercarnos al trono de Dios, pero la alabanza abre el camino. Cuando alabes al Señor, serás invitado a acercarte. Eso es lo que te da el acceso.

3. La alabanza cambia la atmósfera en y alrededor de nuestras vidas.

Isaías 61:3-4 (RVR1960) dice: "A ordenar que a los afligidos de Sion se les dé gloria en lugar de ceniza, óleo de gozo en lugar de luto, manto de alegría en lugar del espíritu angustiado; y serán llamados árboles de justicia, plantío de Jehová, para gloria suya. Reedificarán las ruinas antiguas, y levantarán los asolamientos primeros, y restaurarán las ciudades arruinadas, los escombros de muchas generaciones". Piensa en la *restauración* que viene cuando alabas al Señor. Ponerse una prenda nueva no solo tiene que ver con sentirse mejor. Tiene que ver con empezar a vivir rectamente y con poder. Tiene que ver con que Dios comience a usarte para reparar todo el daño que el enemigo ha hecho en tu vida y en la de los demás.

4. La alabanza trae liberación.

El Salmo 50:23 (RVR1960) dice: "El que sacrifica alabanza me honrará; Y al que ordenare su camino, Le mostraré la salvación de Dios". Eso significa liberación. Si estás pasando por un ataque demoníaco, la alabanza tiene un gran poder para liberarte. Si tienes problemas, comienza a alabarlo. A medida que la alabanza de Dios se apodere del espacio que te rodea, el problema que has estado enfrentando se pondrá de rodillas y deberá irse.

La alabanza tiene un sonido. No es solo el sonido de voces elevadas o el aplauso de una multitud. La alabanza suena como cadenas chocando entre sí. Pregúntale a Pablo y a Silas. Cuando alabamos a Dios en nuestra prisión, las cadenas caen al suelo y las puertas de las celdas se abren. Nuestra alabanza incluso tiene poder para liberar a otros. Cuando Pablo y Silas alabaron, fue tan poderoso que eso estremeció la prisión. Lo espiritual afectó lo natural.

> A eso de la medianoche, Pablo y Silas se pusieron a orar y a cantar himnos a Dios, y los otros presos los escuchaban. De repente se produjo un terremoto tan fuerte que la cárcel se estremeció hasta sus cimientos. Al instante se abrieron todas las puertas y a los presos se les soltaron las cadenas.
>
> —HECHOS 16:25-26

Incluso el guardián de la prisión y toda su casa fueron salvos y bautizados como resultado de las alabanzas de Pablo y Silas. ¡La alabanza libera a las personas!

5. La alabanza trae protección y preservación a tu vida.

El Salmo 59:17 (RVR1960) dice: "A ti, fortaleza mía, te cantaré salmos, pues tú, oh Dios, eres mi protector. ¡Tú eres el Dios que me ama!". David estaba alabando al Señor por ser su defensa, lo que implica protección. Luego, en el Salmo 71:6-7, habla de la preservación: "En ti he sido sustentado desde el vientre; De las entrañas de mi madre tú fuiste el que me sacó; de ti será siempre mi alabanza. Como prodigio he sido a muchos, y tú mi refugio fuerte". Tanto la protección como la preservación se encuentran bajo el manto de la alabanza.

6. La alabanza es nuestra arma de guerra.

El Salmo 149:6, 8-9 (RVR1960) dice: "Exalten a Dios con sus gargantas, y espadas de dos filos en sus manos ... Para aprisionar a sus reyes con grillos, y a sus nobles con cadenas de hierro; para ejecutar en ellos el juicio decretado; gloria será esto para todos sus santos". En la alabanza encontramos el poder para ejecutar el juicio de Dios contra nuestros enemigos. En la época de David eso significaba restringir físicamente a los hombres que estaban en el poder y sacarlos de sus tronos. En nuestro tiempo, sin embargo, no estamos luchando contra los hombres, como lo estaba David. Efesios 6:12 nos dice que "nuestra lucha no es contra seres humanos, sino contra poderes, contra autoridades, contra potestades que dominan este mundo de tinieblas, contra fuerzas espirituales malignas en las regiones celestiales". Usamos la alabanza para derrotar a esos enemigos espirituales, no para conquistar a otras personas. Cuando elevamos nuestras voces en alabanza, desarmamos a esos poderes espirituales. Una vez que lo hayamos hecho, incluso las personas que han operado bajo la influencia perversa de los poderes demoníacos serán desarmadas y perderán el poder que tenían.

Estas lecciones de la preciosa Palabra de Dios nos dicen lo que sucede cuando alabamos al Señor: Dios habita en la alabanza; ella nos da acceso a él; cambia nuestras vestiduras; nos da liberación, protección y preservación; es nuestra arma de guerra. La alabanza libera el poder de Dios para luchar a favor nuestro. En la alabanza encontramos lo que nos faltaba. En la alabanza, ¡la victoria es nuestra!

Capítulo 12

CUANDO LA ALABANZA SE CONVIERTE EN ADORACIÓN

No PODEMOS ADORAR hasta que hayamos entrado ante la presencia de Dios a través de la alabanza. El Salmo 100:4 dice que "entraremos por sus puertas con acción de gracias y por sus atrios con alabanza". La alabanza irrumpe en los atrios y nos lleva a la puerta. Al entrar, nuestra acción de gracias y nuestra alabanza nos llevan a la adoración.

Ahora, el Salmo 48:1 (RVR1960) proporciona otra perspectiva en cuanto a cómo debemos entrar. Dice: "Grande es Jehová, y digno de ser en gran manera alabado". Este versículo dice algo poderoso: Dios no aceptará alabanzas a medias. Lo que dice la Escritura es: "Dios es muy grande, ¿cómo te atreves a alabarlo con la mitad de un corazón? Él no aceptará eso. Este versículo nos dice cómo debemos entrar: alabándolo y agradeciéndole con todo el corazón, no a medias. Él no nos salvó a medias. Él no nos redimió a medias. No debemos insultarlo nunca alabándolo a medias. Si volvemos al Salmo 95:3-5, vemos por qué tenemos que alabar a Dios con todo nuestro corazón.

Porque el Señor es el gran Dios, el gran Rey sobre todos los dioses. En sus manos están los abismos de la tierra;

suyas son las cumbres de los montes. Suyo es el mar, porque él lo hizo; con sus manos formó la tierra firme.

Cierta vez viajé al Sinaí, nunca olvidaré la experiencia que tuve al escalar el Monte Sinaí en la noche. Como no había contaminación, podíamos ver claramente la Vía Láctea. Al verla, prorrumpimos en alabanzas espontáneas y exuberantes como nunca lo habíamos hecho. Todo en nosotros estalló y comenzamos a exclamar nuestras alabanzas con lágrimas brotando por nuestras mejillas. Nos dimos cuenta de la grandeza de Dios porque vimos la Vía Láctea. Isaías 40:12 dice que Dios delimitó los cielos con la palma de su mano. Dios creó las estrellas del cielo de medianoche. La Escritura declara que Dios cuenta las estrellas y les pone sus nombres. ¡Oh, qué Dios tan poderoso al que servimos!

La naturaleza nos revela su grandeza, pero solo el Espíritu Santo puede revelar su santidad. Cuando veas su santidad, tu actitud hacia él y la forma en que interactúas con él cambiará de manera radical. Te postrarás sobre tu rostro y adorarás al Señor. Esa profundidad de adoración transformará tu vida.

Permíteme que te dé una razón importante para ese cambio de la alabanza a la adoración. La alabanza crucifica la carne mientras que la adoración nos viste con un manto nuevo. A medida que desmantelas la influencia de tu carne a través de la alabanza, caes en sumisión ante él. Ahora, cuando te vistes con el manto de la adoración, invitas a la presencia de Dios de una manera novedosa.

Puedes ver cómo progresa este proceso. Primero, destruyes las debilidades de tu carne con la alabanza; luego tomas la túnica de adoración y te la pones. Cuando agregas el nivel más profundo de adoración a tu alabanza, te elevas a un encuentro más cercano con la presencia de Dios.

Vemos este cambio de la alabanza a la adoración una vez más en el llamado de David a la adoración.

Vengan, postrémonos [adoremos] reverentes, doblemos la rodilla ante el Señor nuestro Hacedor. Porque él es nuestro Dios y nosotros somos el pueblo de su prado; ¡somos un rebaño bajo su cuidado! Si ustedes oyen hoy su voz...

—Salmos 95:6-7

Estos versículos muestran cómo cambia nuestra experiencia a medida que la adoración nos lleva a la esencia del asunto. Entramos en la quietud en el versículo 6: "Vengan, postrémonos reverentes, doblemos la rodilla ante el Señor nuestro Hacedor". Cuando nos inclinamos o arrodillamos, no estamos gritando ni clamando. Asumimos una posición pacífica y reverente cuando permitimos que la adoración nos lleve a la sumisión ante la grandeza de nuestro Dios.

Luego, el versículo 7 dice: "Si ustedes oyen hoy su voz". Esto implica que tu voz debe ser baja para que puedas escuchar la de Dios. Estás en un lugar de quietud cuando adoras. El versículo 7 da dos razones para estar tranquilos: (1) Él es nuestro Dios, y (2) nosotros somos el pueblo de su prado, lo que significa que estamos bajo su cuidado.

Él es nuestro Dios. Él es el único ser digno de adoración. Se puede alabar a una persona, pero no se le debe *adorar*. Solo puedes adorar a Dios. Una razón es que cualquier cosa que adores te controlará.

Muchos individuos adoran a otras personas y caen bajo cautiverio. Son controlados por un individuo en el que han pensado demasiado. Pusieron a esa persona en un pedestal, pero pronto... todo se les derrumba.

Si no adoramos al Señor, ¿entonces es él realmente nuestro Dios? ¿Es realmente nuestro Señor? Recuerda lo que dice el Señor Jesús en Mateo 7, según mi propia paráfrasis: "Ustedes me llaman Señor, pero no viven de acuerdo a mis enseñanzas". ¿Cómo le sucede esto a la gente? Dejan de vivir bien porque dejan de adorarlo como Señor. La adoración es la clave.

Adoramos porque estamos respondiendo a su amor, a su cuidado. El Salmo 95:7 dice: "somos el pueblo de su prado; ¡somos un rebaño bajo su cuidado!". Eso muestra que estamos bajo su atento cuidado, y adoramos en respuesta a la recepción de ese cuidado.

El salmo, sorprendentemente, no termina aquí; concluye con una advertencia. Los versículos 8-11 dicen:

"No endurezcan el corazón, como en Meribá, como aquel día en Masá, en el desierto, cuando sus antepasados me tentaron, cuando me pusieron a prueba, a pesar de haber visto mis obras. Cuarenta años estuve enojado con aquella generación, y dije: 'Son un pueblo mal encaminado que no reconoce mis senderos'. Así que, en mi enojo, hice este juramento: 'Jamás entrarán en mi reposo'".

La adoración nos lleva a la fe y esta nos conduce al descanso. Pero, ¿cuál es el descanso de Dios? Descansar es no esforzarse más por algo. No tienes que esforzarte para lograr el descanso de Dios; solo tienes que recibirlo. Él lo ha hecho todo, así que entra el descanso de Dios y reposa. No todo en la vida cristiana es "hacer, hacer, hacer". Cuando el Señor Jesús estaba en la cruz no dijo: "Haz esto o aquello". Lo que dijo fue: "Consumado es". Es decir, "Ya está terminado", "Ya está listo".

Ahora bien, eso presenta una decisión ante nosotros: ¿Adoramos o no? Cuando adoramos, escuchamos su voz. Al oír su voz, obedecemos y entramos en su reposo. Así que la adoración nos lleva al descanso. Jeremías también habló de esto.

Lo que sí les ordené fue lo siguiente: "Obedézcanme. Así yo seré su Dios, y ustedes serán mi pueblo. Condúzcanse conforme a todo lo que yo les ordene, a fin de que les vaya bien".

—Jeremías 7:23

Si te va bien, estás en un lugar de bendición y descanso. No tiene que ver con orar y ayunar, rogar y suplicar, golpear el suelo y concluir que Dios no te está escuchando. No estás tratando de hacer que suceda; está sucediendo por sí mismo. Una vez más, la obediencia sigue a la adoración. La adoración produce obediencia. La alabanza no produce obediencia; la adoración sí. Verás, en el momento en que pasas de la alabanza a la adoración, escuchas su voz. Una vez que obedeces su voz, hay descanso.

Nada mueve la mano de Dios tan rápido como la adoración, nada.

En la década de 1970, me acostaba en mi cama y adoraba a Dios en lo profundo de la noche. ¡Eran horas maravillosas para mí! Dios comenzó a visitarme en esos primeros días porque pasaba tiempo adorándolo. Escuchaba el álbum *Aleluya,* de Bill Gaither, una y otra vez. Me acostaba en la cama con las manos en alto mientras mis lágrimas empapaban mi almohada, escuchando esas canciones de adoración con las luces apagadas. Hablaba con el Señor Jesús y lo amaba. Creo que esa intimidad con el Señor fue lo que impulsó mi ministerio. Cada vez que vuelvo a alcanzar ese nivel de intimidad, veo una nueva resurrección de la unción en mis reuniones.

La adoración es vital. Las personas que no adoran están secas y muertas. Por eso, cuando tratan de ministrar, es obvio que no hay unción allí. Solo quieres que se detenga porque es impotente, es inútil. Pero cuando los verdaderos adoradores ministran, la atmósfera se carga con un poder dinámico. La presencia de Dios no puede confundirse ahí. Todos se adhieren a cada cosa que esos adoradores dicen y hacen porque Dios está con ellos. Cuando la alabanza se convierte en adoración, todo cambia. El clima cambia y las vidas se transforman. De modo que no dudo al afirmar que puedes sentir su presencia mejor en una atmósfera de adoración.

Capítulo 13

MINISTRA *AL* SEÑOR, NO *PARA* EL SEÑOR

TODO LO QUE he estado exponiendo en los dos capítulos anteriores es lo que llamo ministrar al Señor. Cuando pasas tiempo adorando y amando al Señor, ministras *al* Señor, no *para* el Señor. Tu ministerio *al* Señor es el fundamento de tu ministerio *para* el Señor. Esta es una verdad convincente. Deja que penetre en tu propio ser.

Tu ministerio al Señor es el fundamento de tu ministerio para el Señor.

Deuteronomio 10:8 (RVR1960) habla de Dios cuando estableció el orden levítico:

En aquel tiempo apartó Jehová la tribu de Leví para que llevase el arca del pacto de Jehová, para que estuviese delante de Jehová para servirle, y para bendecir en su nombre, hasta hoy.

Dios estableció toda una tribu a la que le dio como función principal hacer una sola cosa: ministrar al Señor. Sus integrantes debían presentarse ante el Señor a ministrarlo.

Nuestro ministrar *a* Dios viene antes que nuestro ministrar *para* Dios. No puedes ministrar a la gente si no le has ministrado a él primero, porque no puedes dar lo que no tienes. Si has estado en su presencia, puedes llevar a la gente a ese mismo escenario. Si has estado en su presencia, sabes exactamente cómo entrar y llevarlos contigo. Cuando adoras, él se presenta.

Las iglesias de todas partes cuentan con cantantes talentosos como líderes de adoración, aunque a menudo son personas que no pasan suficiente tiempo con el Señor. No pueden llevar a la congregación a un punto en la presencia del Señor si rara vez tienen momentos con él. Si queremos una experiencia más profunda en la presencia de Dios en nuestras iglesias y en nuestros ministerios, entonces debemos revisar nuestras prioridades y abrazar el poder de la comunión personal con el Señor y nuestro ministerio *al* Señor para que podamos tener un ministerio dinámico *para* él. Necesitamos animar a nuestros líderes de adoración y a los ministros en cuanto a la importancia de tener un caminar diario personal con el Señor Jesús. Es absolutamente imperativo que nuestros líderes dirijan activamente con el ejemplo en esta área, mostrando que pasan un tiempo diario de adoración personal con Dios.

Cuando hacía cruzadas, me dedicaba a la adoración a las dos de la tarde en punto, mucho antes de la hora del servicio. Me concentraba en el Señor durante varias horas. Luego, cuando estaba sobre la plataforma en la que iba a predicar, me desplazaba por ella y él caminaba conmigo. ¿Por qué? Porque ya había estado conmigo desde las dos de la tarde. Intuyo que probablemente tengas un llamado muy diferente al que Dios me hizo. No obstante, debes pasar suficiente tiempo con el Señor para mantener tu vida espiritual fuerte y vibrante.

La Escritura dice, en 1 Samuel 3:1, que Israel estaba pasando por una sequía espiritual, es decir, una temporada de hambre espiritual. La voz del Señor no se escuchaba. El pasaje afirma que "Samuel, que todavía era joven, servía al Señor bajo el cuidado de Elí. En esos tiempos no era común oír palabra del Señor, ni eran frecuentes las visiones". Uno no puede dejar de

observar que esta es la condición del mundo de hoy, dondequiera que sea.

Samuel comenzó a ministrar al Señor cuando era un niño,
lo que trajo de vuelta lo profético. Una vez, cuando Samuel se
acostó, el Señor lo llamó por su nombre. Ni siquiera reconoció
la voz del Señor cuando la oyó. Lo escuchó la primera, la segunda y la tercera vez. Pero, la cuarta vez, se dio cuenta de que era
el Señor el que le hablaba. Sin embargo, ¿por qué le habló Dios?
Porque estaba ministrando al Señor. Esto se remonta a lo que
escribí sobre el Salmo 95. Cuando comiences a adorar, Dios
te hablará. Es bastante simple. Incluso le habló a un niño que
nunca había escuchado su voz.

El avivamiento llegó a Israel porque un niño pequeño cambió
toda la atmósfera al ministrar a Dios. ¿Qué pasaría con Canadá,
Estados Unidos, Kenia y China si los hijos de Dios comenza-
ran a ministrarlo? El avivamiento se derramaría sobre nuestras
naciones. Si Dios escuchó a Samuel, te escuchará a ti. Si Dios
derramó avivamiento para Israel, lo hará para tu nación. Piensa en lo que puedes hacer si comienzas a ministrar al Señor y
pasas más tiempo adorando que mendigando; más tiempo adorando que ayunando; más tiempo adorando que orando.

En 1 Samuel 3 Dios visitó a Israel a causa de un niño pequeño,
y en 2 Crónicas 5:13 Salomón terminó de construir el templo.
Dios no apareció cuando terminaron el edificio. No apareció
cuando sacrificaron todos los animales. Apareció cuando todo
el pueblo de Israel adoraba al Señor a una sola voz. La gloria
de Dios descendió. En 2 Crónicas 7:1-3, el fuego también cayó
sobre Israel debido a que ministraron al Señor.

En Hechos 13 Dios llamó al apóstol Pablo mientras ministraba al Señor. El versículo 2 dice: "Mientras ayunaban y parti-
cipaban en el culto al Señor, el Espíritu Santo dijo: 'Apártenme
ahora a Bernabé y a Saulo para el trabajo al que los he llamado'". Dios no llamó a Pablo en el camino a Damasco. Tampoco
lo llamó cuando fue a Arabia. Pablo fue a Arabia por catorce
años y volvió a Jerusalén para asegurarse de que lo que había

oído y visto era verdad. Regresó a su ciudad natal a su trabajo habitual: hacer tiendas de campaña.

Bernabé lo encontró y lo llevó a Antioquía, que es la actual Siria. Mientras estaba en Antioquía ministrando al Señor, Dios dijo: "Ahora lo quiero". Estaban ministrando al Señor. Cada vez que se mueve la adoración, Dios se mueve, llamando a la gente al ministerio, como Pablo.

¿Quieres que Dios te llame al ministerio? ¿Quieres ser usado por Dios? Comienza hoy mismo a ministrar *a* Dios; haz de ello tu prioridad. La práctica de ministrar al Señor será el fundamento, la plataforma de lanzamiento de tu ministerio para el Señor.

En Daniel 7, los ángeles ministran al Señor y, como resultado, el juicio cae sobre los impíos. El Anticristo es juzgado a causa de la adoración. Todo está ahí.

> Estuve mirando hasta que fueron puestos tronos, y se sentó un Anciano de días, cuyo vestido era blanco como la nieve, y el pelo de su cabeza como lana limpia; su trono llama de fuego, y las ruedas del mismo, fuego ardiente. Un río de fuego procedía y salía de delante de él; millares de millares le servían, y millones de millones asistían delante de él; el Juez se sentó, y los libros fueron abiertos. Yo entonces miraba a causa del sonido de las grandes palabras que hablaba el cuerno; miraba hasta que mataron a la bestia, y su cuerpo fue destrozado y entregado para ser quemado en el fuego.
>
> —DANIEL 7:9-11 RVR1960

Dios destruye al Anticristo como resultado de la adoración en gloria. Eso mueve la mano de Dios contra sus enemigos. Cuando eres adorador, no tienes que luchar contra tus enemigos. Dios se encargará de ellos por ti; su ejército es enviado a la batalla en tu nombre. Los adoradores están protegidos. Dios peleará por ti.

DIOS PONE SU AMOR EN NOSOTROS

Ahora quiero enfocarme en por qué tenemos esa clase de poder con Dios. Se debe, simplemente, a que somos su pueblo. Somos sus hijos. Deuteronomio 32:9 dice: "La porción de Jehová es su pueblo". Deuteronomio 7:7 afirma que él pone su amor en nosotros. Dios no puso su amor en los ángeles. Él puso su amor sobre nosotros, y la Biblia dice muy claramente en 1 Juan 4:19 que él nos amó antes que nosotros lo amáramos a él:

> Nosotros le amamos a él, porque él nos amó primero.

Somos la iglesia de Jesucristo; somos hijos de Dios. Él nos ama con amor incondicional y eterno. Como hijos amados suyos, tenemos mucha influencia con él. Cuando oramos, pasamos demasiado tiempo enfocados en nuestros problemas, necesidades, nuestros enemigos y nuestras batallas espirituales. Este precioso tiempo sería mejor emplearlo en expresar nuestro amor, devoción y adoración a aquel que puede transformar nuestras vidas y hacer que cada situación obre para nuestro bien.

Hay dos versículos, en Isaías 43, que dicen algo poderoso. En el versículo 7 Dios declara que te creó para sí mismo. En el versículo 21 lo reafirma.

> Trae a todo el que sea llamado por mi nombre, al que yo he creado para mi gloria, al que yo hice y formé … Este pueblo he creado para mí; mis alabanzas publicará.
>
> —ISAÍAS 43:7, 21

¿Por qué te creó? Para que adores al Señor. Este es el propósito para el cual fuimos creados; todo lo que somos llamados a hacer se remite a este propósito singular. *Fuimos creados para adorarlo.* Eso es muy, muy poderoso.

En Efesios vemos que cuando nos entregamos a él, él se entrega a nosotros.

No he dejado de dar gracias por ustedes al recordarlos en mis oraciones. Pido que el Dios de nuestro Señor Jesucristo, el Padre glorioso, les dé el Espíritu de sabiduría y de revelación, para que lo conozcan mejor. Pido también que les sean iluminados los ojos del corazón para que sepan a qué esperanza él los ha llamado, cuál es la riqueza de su gloriosa herencia entre los santos.

—EFESIOS 1:16-18

Él quiere derramar sus riquezas en ti. El propósito de Dios al salvarte es para que puedas conocerlo. La esperanza de su llamado es constituida por las riquezas de la gloria de su herencia en los santos. Piensa en eso. Hay una herencia en ti. Él se entrega a ti como tú mismo te entregas a él.

Moisés no solo asintió con la cabeza a Dios en reconocimiento; se echó al suelo y adoró.

En seguida Moisés se inclinó hasta el suelo, y oró al Señor.

—ÉXODO 34:8

Un hombre adorador salvó a toda una nación. Nunca subestimes el poder que se desata cuando adoramos a Dios.

¿Recuerdas al hijo de la mujer poseído por un demonio en Mateo 15:21-28? Ella acudió al Señor, pero él la ignoró. Los discípulos trataron de deshacerse de ella, por lo que volvió a Jesús. Él le dijo que era una extranjera, que ella estaba fuera del pacto en ese momento, pero la mujer se postró y lo adoró. Cuando hizo eso, venció todos los obstáculos que tenía en su camino.

En aquella época, solo los hijos de Israel tenían derecho a recibir algo de parte de Dios. Esa mujer no tenía derecho a esperar nada de Jesús, pero no dejó que eso la detuviera.

Partiendo de allí, Jesús se retiró a la región de Tiro y Sidón [norte de Israel y sur del Líbano]. Una mujer cananea de las inmediaciones salió a su encuentro, gritando: "¡Señor, Hijo de David, ten compasión de mí! Mi hija sufre terriblemente por estar endemoniada". Jesús no le respondió palabra. Así que sus discípulos se acercaron a él y le rogaron: "Despídela, porque viene detrás de nosotros gritando". "No fui enviado sino a las ovejas perdidas del pueblo de Israel", contestó Jesús. La mujer se acercó y, arrodillándose delante de él, le suplicó: "¡Señor, ayúdame!".

—MATEO 15:21-25

Su adoración lo cambió todo. Antes que ella adorara, Jesús ignoró la existencia de aquella mujer. Después que ella adoró, el Señor se dirigió a ella por primera vez. Él no le dio la respuesta que ella quería, pero ella siguió adorándolo y su adoración abrió el camino.

—¡Mujer, qué grande es tu fe! —contestó Jesús—. Que se cumpla lo que quieres.

Y desde ese mismo momento quedó sana su hija.

—MATEO 15:28

"Qué grande es tu fe", le dijo. "Que se cumpla lo que quieres". Entonces ella venció la oposición con adoración y su hija fue sanada.

Echemos otro vistazo a Pablo y a Silas en prisión, como se describe en Hechos 16.

A eso de la medianoche, Pablo y Silas se pusieron a orar y a cantar himnos a Dios, y los otros presos los escuchaban. De repente se produjo un terremoto tan fuerte que la cárcel se estremeció hasta sus cimientos. Al instante se abrieron todas las puertas y a los presos se les soltaron las cadenas.

—HECHOS 16:25-26

Cuando Pablo y Silas comenzaron a adorar, las puertas de la cárcel se abrieron y sus cadenas se soltaron. Dios todavía se mueve de la misma manera que lo hizo en aquel entonces.

Esa es la clave del poder. Cuando adoras al Señor dondequiera que estés, Dios aparecerá y cambiará tu vida. La adoración no te agota nunca. Otras cosas pueden aburrirte, pero la adoración no lo hará.

Antes de que Billy Graham muriera, se informó que le preguntaron: "¿Qué hubieras hecho diferente?". A lo que él respondió: "Me hubiera quedado más tiempo en casa y le hubiera dicho a Jesús cuánto lo amo".

Vivo para una sola cosa: darle toda la gloria al Señor Jesús. Hago eso honrando su precioso nombre, amándolo con todo mi ser y siendo agradable a él. Cuando reflexione en mi vida, quiero poder decir que hice esas cosas. Así de simple.

Después de dejar este libro hoy, es posible que no puedas dormir. Pon música de adoración y habla con el Señor mientras estés acostado. Te aseguro que, si dedicas tiempo a él, él te encontrará ahí. Y despertarás sintiéndote renovado y fuerte porque el Señor te visitó.

Capítulo 14

EL MISTERIO DE SIFÓN DE LA UNCIÓN

E L ÚLTIMO SERVICIO en el que predicó Kathryn Kuhlman en Pittsburgh, Pensilvania, fue difícil para ella. Lo sé porque estuve allí.

Asistí ese día puesto que había ido a muchos de sus servicios anteriormente. Después hice arreglos para reunirme con ella dos semanas más tarde. Por desdicha mía, esas dos semanas después ya no pudo presentarse porque se estaba muriendo. Así que me fui a casa muy decepcionado, triste, ya que no pude conocerla directamente ni pude establecer una amistad con la sierva de Dios.

Un año más tarde, para mi total sorpresa, Maggie Hartner, que dirigía la Fundación Kathryn Kuhlman, me dijo que yo llevaría a cabo el servicio conmemorativo de la señora Kuhlman en Pittsburgh. Para entonces yo ya había comenzado a predicar como evangelista, pero solo tenía veinticuatro años y ni siquiera la pude conocer. ¿Cómo podría ser yo el que se suponía que debía dirigir el servicio conmemorativo? Estaba tan asustado que ni siquiera quise preguntarle por qué me habían elegido. Pero estaba pensando: "¿Por qué yo? ¿Por qué no eligieron a alguien que la conociera más?". No podía entenderlo, pero lo tomé como un gran honor e hice lo mejor que pude para prepararme.

Al fin, llegó el día del servicio. Esa tarde fui a la hermosa oficina de la fundación en el séptimo piso del hotel Carlton en el centro de Pittsburgh. Entré y vi fotografías de John F. Kennedy colgadas en las paredes junto con hermosas obras de arte. Conocí a Maggie Hartner y me mostró la silla de la señora Kuhlman. Estaba tan asombrado que ni siquiera quería acercarme. Era como un niño en una tienda de golosinas, mirando a mi alrededor con asombro.

Cuando hablé con Maggie, me dijo que yo iba a predicar en el servicio más tarde ese día y luego me hizo la siguiente precisión: "Benny, no vayas a orar ni a rogar a Dios que te unja. Te apegarás tanto a ti mismo que Dios no podrá usarte". ¡No podía creer lo que acababa de oír! Me dijo que hiciera una siesta en vez de orar por unción para predicar.

Desde entonces he aprendido mucho acerca de la unción. A partir de esa declaración aprendí más. Pero en aquel momento lo que estaba pensando era: "¡Esta es la mujer menos espiritual que he conocido! No voy a tomar una siesta. ¡No me importa lo que ella diga!". Así que hice exactamente lo que ella me dijo que no hiciera: fui y le supliqué: "¡Oh, Dios! ¡Oh Jesús!". Tenía tanto miedo que me enredé todo.

Entonces llegó el momento del servicio. Miré desde detrás del cortinaje y me asusté aún más. Vi una gran multitud en el Carnegie Music Hall, uno de los edificios más bellos de Pittsburgh. Todas las personas que habían trabajado con la señora Kuhlman estaban allí y el coro estaba en el palco asignado para ellos. ¿Y se suponía que el pequeño Benny Hinn ministraría ahí? Nadie sabía quién era Benny Hinn. Nadie sabía siquiera cómo lucía yo.

Era hora de empezar. Jimmie McDonald, el solista de la señora Kuhlman, iba a iniciar el servicio proyectando la única película de su ministerio que ella permitió que se hiciera. Era en Las Vegas y se trataba de su último servicio realizado en un gran estadio.

El plan era que Jimmie McDonald me presentara antes de la película, que duraría unos noventa minutos, y luego —cuando la proyección terminara—, entonarían la canción *Cristo, Cristo, Cristo, nombre sin igual.* Después, mientras él cantaba, se suponía que yo debía salir al escenario y continuar a partir de allí.

Mostraron la película y esperé detrás de la cortina.

La película terminó y el vocalista entonó la canción. Yo todavía estaba detrás de la cortina.

Volvieron a entonar la canción. Y yo todavía detrás de la cortina.

Entonces, Jimmie McDonald le dijo a la multitud: "A continuación, mientras cantamos por última vez, Benny Hinn estará con nosotros", y volvió a dirigir la canción. Cuando terminaron, ¡yo todavía estaba detrás de la cortina!

Permanecí como paralizado en mi lugar hasta que un ujier apareció detrás de mí y me obligó a salir a la plataforma. Esa fue mi presentación ante la multitud que honraba a Kathryn Kuhlman.

Los músicos continuaron ejecutando la melodía suavemente, terminaron y comenzaron a tocar otra pieza musical. Ahora bien, debido a que estaba tan asustado, mi cerebro se paralizó y todo lo que podía hacer era cantar la misma canción otra vez. Sin embargo, como los músicos habían comenzado a tocar otra melodía, tocaban en otro tono. Así que empecé cantando en esa tonalidad, pero era tan alta que se oía fatal. Los músicos no supieron cómo seguirme, así que se detuvieron y me encontré cantándola a *capella*.

Casi a mitad del canto me detuve. No podía seguir cantando porque no llegaba a la nota, era muy alta. La multitud me miraba fijamente mientras yo pensaba en lo rápido que quería salir corriendo del escenario e irme a casa. Entonces sucedió algo que nunca olvidaré.

Todos seguían de pie y mirándome. Aquello fue un desastre total, hasta que levanté las manos y clamé: "¡Querido Jesús, amado Jesús! ¡No puedo hacer esto! ¡No puedo hacerlo!".

Y escuché al Señor decir: "¡Me alegro! Entonces ¡lo haré yo!".

Cuando comencé a ministrar, el Señor tomó el control y el poder de Dios descendió poderosamente. La gente empezó a sanarse. Las damas que habían ministrado con la señora Kuhlman se levantaron de sus asientos y corrieron por el pasillo. La gente empezó a salir de las sillas de ruedas. El poder milagroso de Dios descendió. Estaba completamente asombrado, al igual que el personal de Kathryn Kuhlman. Cuando vieron lo que pasó, Maggie se me acercó y me dijo: "Joven, lo lograste". No sabía qué quiso decir con eso. Entonces me dijo: "Queremos que vuelvas cada mes". Así que iba mensualmente y comencé a realizar servicios para la Fundación Kathryn Kuhlman en el Soldiers and Sailors Memorial Auditorium. Luego comencé a viajar con la organización por todo Estados Unidos y Canadá. Hice eso durante cuatro años y ahí fue cuando la gente empezó a saber del ministerio que el Señor me había dado.

Todo comenzó cuando dije: "¡No puedo hacerlo!". El problema con demasiados cristianos y líderes ministeriales es que creen lo contrario, creen que pueden hacerlo. Hasta se convencen de que pueden hacerlo. Pero tengo noticias para ti: no puedes hacerlo. ¡Solo Dios puede! Tienes que rendirte. No intentes descifrar el asunto.

Después del servicio conmemorativo, Maggie se me acercó y me dijo: "Kathryn siempre decía: 'No son tus oraciones; no es tu habilidad; es tu rendición'. Aprende a rendirte, Benny". Sabía que sus palabras contenían la clave para ministrar bajo la poderosa unción de Dios, así que regresé a mi habitación en el hotel y comencé a orar para que el Señor me enseñara cómo rendirme.

LA RENDICIÓN ES EL CONDUCTO

Hablé de esa historia sobre la rendición por una razón. Porque es la clave para ministrar bajo la unción fortalecedora. Cuando el Señor y tú se vuelven uno en el momento de la salvación, la unción permanente se libera de inmediato en ti. Esa unción produce hambre, fe y amor por el Señor. Ella enciende la Palabra, la comunión y la adoración. Luego, a medida que Dios comienza a transformarte, la unción de poder *para ministrar* desciende sobre ti. La unción permanente está funcionando y aporta claridad a la unción que da poder para el ministerio. No hay nada que puedas hacer para que la unción de poder descienda, pero una vez que baja, eres tú el que tiene que liberarla. Me refiero a esta liberación como al buen uso de la unción.

Esta verdad sobre el uso de la unción se encuentra en Deuteronomio 32:13. Entraré en más detalles en el próximo capítulo.

Ahora bien, si obvias el siguiente punto, te perderás mucho, así que concéntrate en estas palabras: *la rendición es el sifón.* En otras palabras, extraes la unción cuando te entregas a la presencia del Señor. Si todos aprendieran a hacer esto, a nadie le faltaría el poder de Dios.

La rendición es el sifón.

Es por eso que el poder de Dios descendió cuando me rendí en el servicio conmemorativo de Kathryn Kuhlman. En el momento de mi entrega, el Señor Jesús vino y tocó a su pueblo. Esa noche me dirigí al hotel y comencé a orar para que el Señor me enseñara a rendirme, y aprendí la lección. Es por eso que adoro en todas mis reuniones, hasta el día de hoy. Cada vez que guío a la gente a creerle a Dios por sanidad y milagros, adoramos al Señor. A medida que adoramos a Dios, llega el momento en que el Señor Jesús se hace verdaderamente palpable. Y cuando Jesús se vuelve real para mí, me rindo. En el momento en que me rindo, el poder desciende. Es como un manto que cubre mi ser.

Creo que Dios quiere usarte en los últimos tiempos que están por venir. Pero tienes que aprender a dirigir la unción de la gloria y la presencia de Dios. La clave es rendirte en el momento cuando Jesús se vuelve real para ti. ¿Por qué? No puedes rendirte a Uno que no conoces. No puedes rendirte a Uno que no es real para ti. No te estás rindiendo al aire; te estás entregando a una persona. Es por eso que solo puedes rendirte cuando él se hace tangible para ti.

Capítulo 15

EL MISTERIO DE LOS
LUGARES ALTOS

L OS LUGARES ALTOS son aquellos en los que nos encontramos con el Señor cara a cara. Para entender esto, basados en la Palabra de Dios, leamos el siguiente pasaje acerca de Jacob.

> Lo hizo cabalgar sobre las alturas de la tierra y lo alimentó con el fruto de los campos. Lo nutrió con miel y aceite, que hizo brotar de la roca.
>
> —DEUTERONOMIO 32:13

Las "alturas de la tierra" o lugares altos son zonas donde la unción de poder y la Palabra de Dios fluyen en forma libre. Son lugares de intenso culto. Isaías habla de los lugares altos cuando afirma dónde puede volar el águila. Isaías dice: "los que confían en el Señor renovarán sus fuerzas; volarán como las águilas: correrán y no se fatigarán, caminarán y no se cansarán" (Isaías 40:31). Fíjate que no dice que bajarán; dice volarán. El Salmo 91 también se refiere a ese escenario: el lugar secreto del Altísimo es el lugar alto. Es el mismo lugar. Así que los lugares altos de la tierra son los espacios donde los demonios no pueden operar.

Echa otro vistazo a Deuteronomio 32:13. Cuando dice: "Lo hizo cabalgar sobre las alturas de la tierra", lo que quiere decir es que la adoración te lleva allí. Cuando Moisés dice: "Para que pueda comer del producto de los campos", esa es la Palabra que cobra vida de nuevo en ti, produciendo más adoración y transformación.

Cuando Moisés afirma: "Lo nutrió con miel y aceite, que hizo brotar de la roca", esa roca es el Señor. Lo que está diciendo es que a medida que te rindes, él derrama más de su Palabra y su aceite en tu ser.

Observa el pedido. El aceite fluye a causa de la miel. La miel es primero, luego el aceite. La nutrición del individuo es primero, luego viene la unción. Recibes la Palabra y enciendes la adoración, que a su vez da inicio a la transformación. Entonces la unción de poder viene sobre ti para que ministres, algo que extraes al rendirte al Señor.

Tienes que vivir en las alturas del espíritu, de modo que puedas obtener la unción de poder para el ministerio. Dios te lo da, pero no lo recibirás si no lo sabes dirigir. Los lugares altos son donde se conoce la realidad tangible de Dios. Cuando te internas profundamente en la Palabra, la comunión y la adoración al Creador, tu espíritu se eleva a las alturas de la tierra. Quiero decirlo de otra manera para asegurarme de que captes esto. Cuando adoras, y la Palabra de Dios y la comunión son profundas, tu ser espiritual sube a un lugar alto. Y en ese lugar alto, la presencia de Dios es tangible. Va más allá de ser sentida; es *conocida*.

Cuando la presencia del Señor Jesús es real, el alma se aquieta, tal como lo mencioné en el capítulo 7. "Quédense quietos, reconozcan que yo soy Dios" (Salmos 46:10). En el momento en que el Señor se hace real, todo se torna quieto. En la presencia del Señor el lenguaje es de lágrimas. En la presencia del Señor hay tal realidad que uno se desconecta de la carne. En otras palabras, cuando la presencia del Señor es real, llegas a un punto en el que te pierdes de vista. La presencia de Dios se apoderará de tu presencia. Cuando la presencia de Dios sobrepasa tu presencia, estás en un lugar alto. Cuando te pierdes de vista a ti mismo, es cuando puedes dirigir la unción.

> Cuando Moisés descendió del monte Sinaí, traía en sus manos las dos tablas de la ley. Pero no sabía que, por haberle hablado el Señor, de su rostro salía un haz de luz.
> —Éxodo 34:29

Volvamos a Deuteronomio 32:13, que habla de los campos, la miel y el aceite. Esto significa que los lugares altos son un espacio de gran abundancia espiritual. Cuando estás en adoración, cuando estás en esos hermosos lugares donde la presencia de Jesús es más real que tu propia vida, hay abundantes bendiciones. Todo abunda en esos lugares.

Recuerda, esperar en el Señor es la clave. Si no estás dispuesto a esperar, nunca llegarás allí. Pero una vez que estás allí, estás en un ambiente de una abundancia asombrosa. Ahí es donde la miel comienza a brotar de la roca, representando la verdad de la revelación de la Palabra. Ahí es cuando Dios comienza a revelarte su Palabra, y ahora es fácil rendirse a la Palabra de Dios porque estás en un lugar alto. La unción de poder está fluyendo, por lo que no es un trabajo duro.

TRES CAMINOS QUE NOS LLEVAN A LOS LUGARES ALTOS

Puedes llegar al lugar alto por ti mismo. No tienes que dirigir a una gran multitud en un auditorio como suelo describirlo; no necesitas a nadie más contigo. Hay tres caminos al lugar alto. La Palabra de Dios es el primero, el compañerismo (la oración) es el segundo, y la adoración es el tercer camino al lugar alto.

¿Importa el orden? Creo que sí. La Palabra alimenta tu comunión con Dios en oración. Cuando lees la Palabra, él no solo aviva tu comunión con él, ¡la enciende! La oración, a la que llamo compañerismo porque eso es lo que es, puede llevarte a un lugar elevado. Pero el compañerismo es encendido y energizado por la Palabra. Ese compañerismo, sin la Palabra, no tiene poder.

A medida que dedicas tiempo a estudiar la preciosa Palabra de Dios, ella comienza a traer poder vivificante a tu alma y tu espíritu. La Palabra de Dios está viva, por lo que —al instante— dará a luz la comunión con Dios. Entonces entras en una extraordinaria intimidad con el Señor. Dile cuánto lo amas y cuán glorioso es él.

Es así que te conectas con el corazón del Señor y luego surge la adoración. Y cuando comienza la adoración, aceleras la velocidad. Vas de los niveles bajos a los lugares altos de una manera veloz. Cuando llegas allá, todo es abundante y gratuito.

Entonces se revela la unción. Es probable que digas: "Pastor Benny, ¿por qué dice que se revela?". La Biblia dice que el poder de Dios está escondido.

> Y el resplandor fue como la luz; rayos brillantes salían de
> su mano, y *allí estaba escondido su poder.*
> —Habacuc 3:4 RVR1960

Verás, Habacuc 3:4 y Deuteronomio 32:13 van de la mano. Cuando el poder oculto de Dios se revela, cuando la unción está lista para ser liberada, tienes que sacarla con un sifón o por un conducto. Y de nuevo, ¿cómo extraes esa unción? Rindiéndote a él.

Cuando ministro ante una multitud, y estoy adorando en un lugar alto, es cuando entono el cántico "Aleluya" porque eso permite que la multitud entre en la presencia de Dios. Cuando estoy en ese lugar alto de adoración y canto esa melodía, sé que eso me trae su realidad, su sustancia y su tangibilidad. Cuando el Señor se vuelve real para mí, me rindo. No hay nada más que hacer.

Si no tienes un ministerio público como el mío, tu adoración privada al Señor te puede llevar a un lugar alto. Cuando estás en ese lugar, te rindes con mucha facilidad. No hay lucha con eso. No tienes que trabajar por ello. Te mueves directamente a la unción de poder y, luego, sientes el poder de Dios en tu cuerpo. Ahora su poder fluye a través de ti para llevar a cabo cualquier servicio cristiano que te haya llamado a hacer.

Capítulo 16

EL MISTERIO DEL FLUIR DE ELÍAS Y EL DE ELISEO

¿QUÉ SUCEDE DESPUÉS que absorbes la unción con tu rendición? Para responder a eso, debo explicar la actuación de Elías y la de Eliseo. En pocas palabras, la actuación de Elías es a través de la declaración de la Palabra de Dios y la de Eliseo es mediante la adoración en la presencia del Señor.

La adoración en el ministerio de Eliseo le trajo la manifestación del Espíritu del Señor. Pero la predicación de Elías le brindó la manifestación de la Palabra de Dios. La predicación de Elías lo llevó al fluir de la unción para el ministerio. Para Eliseo eso era la adoración.

En el momento en que prediques la Palabra y esta manifieste la presencia de Jesús, debes rendirte. En el momento en que tu adoración manifieste la presencia de Cristo, debes rendirte. *Si sigues predicando o adorando, lo pierdes.* En el momento en que el Señor se manifiesta, te está diciendo: "Estoy listo para tocar a mi pueblo. Déjame hacerlo". Lo traes a la escena con tu predicación o tu adoración. Ahora debes liberar la presencia y el poder del Señor mediante tu rendición.

Si no te rindes, perderás ese momento, y es posible que no vuelva a presentarse la oportunidad. Es probable que tengas que adorar durante mucho tiempo para empezar casi desde cero. Eso es mucho trabajo. No permitas nunca que nadie interfiera con ese momento de adoración, no importa cuán relevante sea para ti.

En el instante en que se manifieste la presencia del Señor, debes rendirte a él. Puedes estar enseñando, predicando, dirigiendo un estudio bíblico o un grupo pequeño, o ministrando a una persona, y creer que tienes mucho más que decir, pero si la presencia del Señor se manifiesta, deja de hablar en ese momento y entrégate a él.

No permitas que tu mensaje arruine el momento para las personas o la persona a la que estás ministrando. Trajiste la presencia del Señor con la Palabra, y puedes decirte a ti mismo: "Bueno, todavía no he terminado". Pero cuando Dios te dice: "Terminaste. Estoy aquí", debes rendirte de inmediato. Después de rendirte, el Señor comienza a fluir. El Señor se mueve. Has dirigido su poder a través de la rendición.

Cuando él te manifiesta su presencia, debes rendirte. Debes entregarte a la Persona de Cristo Jesús. Una vez que él se vuelve real a través de la Palabra o de la adoración, tienes que rendirte. Hay momentos en los que es posible que debas dar un paso más y orar en lenguas, en silencio, si lo prefieres.

Aquí hay otro punto importante: las personas a las que ministras no pueden acompañarte a rendirte al Señor. Solo tú puedes usar la unción; ellos no. Es *tu* adoración. Es *tu* predicación o enseñanza. No es su adoración. Tú eres el transmisor; ellos son los receptores. Es la adoración del transmisor lo que mueve a Dios, no la adoración de los receptores. Mientras estás adorando, ellos se unen a ti. A medida que hacen eso, el Señor también los ministra a ellos.

Esto me hace evocar algo: he conocido a algunos ministros, y estoy seguro de que también a algunas personas, que podrían sentirse de alguna manera indignas de adorar a Dios en público. Así que debes establecer en tu corazón lo siguiente: la adoración no tiene que ver con la dignidad del adorador. *La adoración tiene que ver con la dignidad de aquel que es adorado.* ¡Dios es digno de nuestra adoración!

La adoración multitudinaria sigue siendo vital en el entorno del ministerio en la plataforma porque conecta a los receptores con tu rendición. Cuando te rindes, tu adoración les manifiesta inmediatamente la presencia del Señor Jesús. Tu adoración instantáneamente les trae su realidad. Esta te tocará primero a ti, el siervo, y luego a las personas que están allí para recibir la ministración.

Ya sea que estés adorando a Dios solo o en público, cántale melodías que lleguen a su presencia. Me encantan canciones como "Aleluya", "Gloria al Cordero" y "Oh, la gloria de su presencia". ¿Por qué? Porque esas canciones se escribieron en base a una vivencia con el Señor, por lo que traen a la memoria las experiencias con él. No digo que esas sean las únicas canciones ungidas. Pero si eliges una que no lo sea, perderás una excelente oportunidad porque no hay unción sobre ella.

Creo que nunca escuché a Kathryn Kuhlman cantar más que unas cuantas canciones, como por ejemplo: "Cuán grande es él", "Me ha tocado", "Es la vida de mi alma" (escrita por ella), "Cristo, Cristo, Cristo" y, la que siempre cantaba: "Aleluya". La gloria caía porque son canciones que llegan al corazón. Esas canciones se convirtieron en suyas; de modo que cuando las cantaba, su adoración llegaba al corazón del Señor. Él se le manifestaba a ella. Cobraba vida para ella. Se hacía real para ella.

Kathryn Kuhlman se rendía a él y, como resultado de su entrega, la presencia de Dios saturaba el auditorio. A medida que la presencia de Dios comenzaba a invadir el ambiente, la gente sentía su presencia mientras lo adoraban, y entonces era cuando ocurrían los milagros. Ahí era cuando ese gran poder tocaba a las personas.

Cuando me rindo a mi Señor, lo que ha sucedido miles de veces, inmediatamente siento que el poder desciende sobre mí.

Siento la electricidad. Siento el fuego. Siento la unción abrumadora del Señor. A veces es un poder tan glorioso que siento que mi carne va a estallar. En ese momento, cobro una audacia, una fuerza maravillosa y las emociones me embargan.

Cuando el poder de Dios comienza a fluir a través de tu cuerpo físico, tu piel comienza a sentirlo. Todo tu cuerpo está debajo de él. Empieza a transpirar por tu ropa. Es que el poder está listo para fluir hacia las personas que Dios quiere tocar a través de ti.

Las necesidades de la gente y su hambre por el Señor estimulan a la unción poderosa que está sobre ti. Cuando entonces se unen a la presencia del Señor y se rinden, el poder desciende sobre ellos y son sanados. La realidad de su presencia satisface sus necesidades, calma su hambre y cambia sus vidas.

A menudo encuentro que las personas no pueden recibir lo que el Señor quiere darles si están atadas a sí mismas. Tienen que dejar eso. Si se enfocan en sí mismos o en su enfermedad o en cualquier problema que puedan enfrentar, no se están concentrando en el Señor. A menudo digo que cuando el Señor Jesús se vuelve más real que la enfermedad, esa dolencia desaparece de inmediato. La realidad de Cristo expulsa esa enfermedad.

No importa dónde estés ministrando, pueden suceder cosas que hacen que la unción de poder se debilite: las personas moviéndose, alguien hablando, un sonido extraño. Hay muchas cosas que pueden causar distracciones que disminuyan o debiliten la unción de poder si tú lo permites. Cuando estás ministrando a alguien uno por uno, y eso sucede, si el ambiente es apropiado, puedes comenzar a adorar allí mismo porque la adoración hará que la unción poderosa descienda nuevamente. También puedes leer la Palabra y orar en lenguas si es necesario. Si el entorno no lo permite, simplemente puedes orar por esa persona y seguir adelante.

Si estás ministrando en una reunión pública y la unción de poder se debilita, puedes empezar a adorar o a predicar la

Palabra. A veces ya has ministrado la Palabra, ya has conducido al pueblo en adoración, y tú mismo has adorado, pero sientes que aún no has llegado al lugar alto que él quiere que alcances. En esos casos, es como si el Señor te estuviera diciendo que ores un poco más. Ahí es cuando necesitas orar en lenguas.

Permíteme que mencione rápidamente algunas cosas acerca de orar en lenguas para ti mismo y en silencio.

- La oración en lenguas por sí sola no genera unción. Ella surge después de predicar la Palabra o adorar, después de haber construido un camino hacia el reino del Espíritu.
- Orar en lenguas no siempre es necesario. En una de cada tres reuniones, siento que necesito ir más allá al hablar en lenguas. Otras veces, la presencia de Dios descenderá sin que se hayan usado las lenguas. Escucha la voz del Señor, luego obedécelo.
- La necesidad de hablar en lenguas depende de la atmósfera espiritual que te rodee. En las cruzadas, rara vez oro en lenguas públicamente. Cuando ministro en iglesias o conferencias y la expectativa o la fe no es alta, orar en lenguas puede crear una atmósfera de fe. Las lenguas pueden ser necesarias si hay cosas en tu cabeza que no deberían estar allí. Tienes que ser claro con las personas. Trataremos esto más adelante.

No importa cómo te use Dios, cuando la unción de poder comience a fluir, debes permanecer en el lugar alto. No dejes que descienda a niveles inferiores. Te daré un ejemplo de la Biblia. En Lucas 8, Jairo acudió al Señor y la unción fluyó. El Maestro estaba allí con él y su fe era intensa. Entonces se acercó la mujer que tenía el flujo de sangre y tocó el borde del manto del Señor.

> Pero una mujer que padecía de flujo de sangre desde hacía
> doce años, y que había gastado en médicos todo cuanto
> tenía, y por ninguno había podido ser curada, se le acercó
> por detrás y tocó el borde de su manto; y al instante se
> detuvo el flujo de su sangre. Entonces Jesús dijo: ¿Quién
> es el que me ha tocado? Y negando todos, dijo Pedro y los
> que con él estaban: Maestro, la multitud te aprieta y opri-
> me, y dices: ¿Quién es el que me ha tocado?
>
> —Lucas 8:43-45 RVR1960

La interrupción de la mujer hizo que Jairo experimenta-
ra una perturbación a su fe. El Señor notó que Jairo se estaba
debilitando.

Entonces vinieron y le dijeron a Jairo: "Tu hija está muer-
ta. No molestes al Maestro. En ese momento, la fe del hombre ya estaba por el suelo. ¿Qué hizo el Señor Jesús? Dos cosas.
Primero, dijo: "No te rindas; aférrate a la poca fe que tienes".
Entonces el Señor Jesús vio cómo la fe de Jairo se debilitaba
cuando la mujer se extendía en su conversación y, luego, vio
cómo se desplomaba cuando ellos se acercaron y le dijeron: "Tu
hija ha muerto. No molestes al Señor". Pero el Señor resguardó
la fe de Jairo y le dijo: "Espera. No te rindas". Jesús fue a la casa
y solo permitió que entraran Pedro, Santiago, Juan y la familia,
para resguardar la fe de Jairo.

Jesús entró en la casa y entonces dijo que la niña solo estaba durmiendo. Todos los dolientes se rieron y se burlaron de
él por lo que había dicho. Inmediatamente los envió a todos
afuera. ¿Por qué los sacó? Porque estaban afectando la unción y
como la fe de Jairo casi se había ido, el Señor hizo lo necesario
para resguardar esa fe.

Cuando yo ministraba en las grandes cruzadas, si el testimonio de alguien se prolongaba demasiado, eso afectaba el
ambiente. El flujo de la unción mermaba. Puedes detener a esa
persona y orar por ella, o simplemente dirigirte a otra persona.

Tienes que mantener el flujo, o en poco tiempo, ese fluir se detendrá por completo.

Algunas veces, la unción de poder se moverá rápidamente; otras, se moverá poco a poco. A veces es un viento fuerte, otras veces es un viento suave, pero sigue siendo viento. Todavía está soplando. Aún no se ha ido. Está ahí. El viento no ha parado. Puede detenerse si tú lo permites. Puede detenerse si resistes al Espíritu de Dios. Puede detenerse si alguien más intenta resistirse a lo que está sucediendo y tú le permites que lo haga. Pero no debes hacer eso. Tienes que controlar el flujo para que puedas continuar ministrando con libertad.

Ahora bien, a veces sentirás que la unción se acelera, como si el viento se levantara y soplara con más fuerza. Entonces tienes que moverte rápido con él, al igual que Felipe, que corrió al encuentro del eunuco. Felipe tuvo que correr para alcanzarlo y subirse al carro. En el momento en que se montó, ¿qué estaba leyendo el eunuco? Estaba leyendo Isaías 53. ¿Y si Felipe hubiera caminado en vez de correr? Podría haber perdido el momento de cambiar la vida de alguien. A veces Dios dice: "¡Vamos!". Por eso me verán a mí y a otros moviéndonos como un tren en el culto, para no perder el momento que podría cambiar la vida de miles en ese auditorio. Y puedes aplicar este mismo principio a cualquier tipo de ministerio que hagas para el Señor.

Estos capítulos te han enseñado cómo usar la unción poderosa de Dios. Esa unción sobre nosotros es esencial para el ministerio. Después de que la extraigamos por medio de la rendición, la debemos mantener con adoración. La adoración nos lleva a la gloriosa manifestación del Señor. Nuestra entrega desata el poder del Señor, por lo que luego debemos mantener la atmósfera de adoración.

Tenemos que permanecer en los lugares altos para que la unción de Dios siga fluyendo. Si quieres que Dios te use, es tu deber —tal como lo es el mío hasta el día de hoy—, resguardar lo que Dios te ha dado. Lee con mucha atención el siguiente capítulo acerca de la protección de la unción de poder. No encontrarás esta información en ningún otro lugar.

Capítulo 17

RESGUARDA LA PUREZA
DE LA UNCIÓN

H E HABLADO DE este tema públicamente, pero nunca en la forma en que lo trataré en este capítulo. He visto a Dios usar a muchas personas en ministerios poderosos, pero las únicas que perduran, las que no se desvían ni diluyen su unción mezclándola con las cosas de la carne son aquellas que aprenden a purificar y proteger la unción.

Recuerda, dedicar tiempo a estar con el Señor Jesús es todo lo que se requiere para que la unción opere en forma permanente. Esta unción interior no crece, en absoluto. Tu hambre crece, tu fe crece y tu amor por el Señor crece. Pero la unción permanente en ti siempre está a plena capacidad.

La unción de poder para el ministerio es diferente. Puede intensificarse o disminuir. Puede crecer o debilitarse. No todos los cristianos reciben esa unción. Esta solo se recibe después que el Señor Jesús nos la confía. Como personas a las que él ha confiado su poder, debemos mantener esa unción pura y libre de contaminación.

Ahora hablemos de algo que afecta en gran medida a la unción de poder. Si el creyente se distrae y descuida su tiempo a solas con Dios, ya no está pagando el precio, no le está dando a Jesús el tiempo que merece, el que le pertenece a él; entonces, el Señor se distanciará poco a poco, a medida que el creyente se aleje. El Señor nunca quita su presencia rápidamente de ninguno de nosotros. Lo hará muy lentamente. Cuando él quita su presencia de alguien, es porque ese individuo no le está dando su tiempo; como resultado, su nivel de hambre disminuye, su fe disminuye y su amor también.

El Señor nos da tiempo para que regresemos a su presencia, de modo que nuestra hambre, nuestra fe y nuestro amor sigan creciendo. Seguir descuidando ese tiempo tiene un precio muy alto. Cuando un creyente sigue negándose a practicar la presencia de Dios en su vida, esa preciosa presencia disminuirá. A medida que comenzamos a alejarnos un poco más, el resultado es menos hambre, menos fe, menos amor. Esto puede terminar en un alejamiento aun mayor de Dios, lo que resulta en mucha menos hambre, mucha menos fe y mucho menos amor. Si nos alejamos por completo, ya no hay hambre. En vez de crecer, la fe muere. El corazón se vuelve frío como un témpano de hielo.

Ahora bien, el peligro se profundiza. El creyente se ha debilitado en su vida espiritual. La presencia del Señor dentro de él ha disminuido porque ha descuidado al Señor, y ahora la unción de poder lo aplastará porque no hay nada en él que la sostenga. La unción que da poder permanece, puesto que ese es su regalo y un regalo no se le quita a quien se le obsequia. Romanos 11:29 (RVR1960) dice: "Porque irrevocables son los dones y el llamamiento de Dios". Esto significa que el don permanecerá en operación, aunque la vida del creyente se haya debilitado.

¿Qué sucede cuando la carga de la unción fortalecedora se vuelve difícil de llevar porque la presencia del Señor ha disminuido? Los dones espirituales y la unción fortalecedora que fueron dadas para el ministerio ahora se vuelven una carga pesada, sin apoyo desde adentro, y ahora tienen el potencial de destruir. El mismo don que Dios dio para bendecir a su pueblo ahora se convierte en una carga demasiado pesada para llevar.

El individuo comienza a odiar su ministerio, a despreciar el llamado. Y entonces se pregunta qué va a hacer consigo mismo. Se convierte en nada más que una propuesta de negocio. Ahora existe la tentación de comenzar a vender la unción o mercadear con ella. Ya no es para el Señor Jesús. Ahora *todo es acerca de ti*, ya que sin su presencia y su poder, *tú* eres todo lo que queda.

La presencia del Señor ya no está en la vida del creyente en ese momento, por lo que ya no hay ninguna convicción. Este permite que las cosas contaminen, diluyan o manchen la unción de poder y los dones espirituales que Dios le ha confiado. El pecado ahora se ha arraigado en su corazón. La unción fortalecedora aún fluye, pero la presencia del Señor no está allí, por lo que lo que produce está vacío y desprovisto de cualquier poder real. Cada don espiritual que Dios le ha dado todavía opera, pero el Señor ya no lo usa; es *el don* que lo está utilizando.

Es por eso que debes proteger la unción de poder en tu vida. *Haz del tiempo con Dios tu mayor prioridad.* No te permitas nunca descuidar al Señor, aunque él es clemente y misericordioso. Es cierto que él no quita su presencia de ti al instante, pero ¿por qué querrías que la quitara del todo? Sabes que te dará tiempo para que te despiertes y te arrepientas, pero ¿por qué deberías desperdiciar ese tiempo? Es mejor poner continuamente tu mejor esfuerzo para mantener esta conexión vital con el Señor, de forma que siempre tengas una base sólida para tu ministerio.

Recuerda, hay un precio a pagar por la unción de poder. Ese precio es pasar tiempo con el Señor, lo cual es un privilegio. Es un costo que algunos no están dispuestos a pagar y, como resultado, permiten que la unción en su vida y su ministerio se contamine. La unción pura de Dios fluye a través de ellos, pero luego se contamina por lo que han permitido en su corazón. Ahora es una mezcla, impura y —por lo tanto— débil e impotente. Es por eso que el Señor tiene un proceso para mantener pura la unción de poder.

El proceso de tres etapas del Señor para mantener la unción pura

Ahora, cuando leas que este es un proceso de tres etapas, puedes tener la impresión de que estos son tres pasos rápidos para volver a encaminarte. Te equivocas. En nuestra mentalidad moderna, nos hemos acostumbrado a obtener arreglos rápidos, respuestas fáciles y soluciones simples que no nos cuestan nada y requieren poco o ningún tiempo o esfuerzo. El reino de Dios no funciona de esa manera. Sus preceptos son un asunto serio.

Los tres pasos del proceso de Dios para purificar la unción son golpear, sacudir y aplastar. ¿Acaso estas etapas harán que deseemos rendirnos? Apuesto a que así será. La simple lectura de las palabras "golpear, sacudir y aplastar" dibuja algunas imágenes de un doloroso castigo corporal. *Eso no es lo que es este proceso. Dios no quiere castigarnos.* Ver a mis amigos Oral Roberts y Rex Humbard navegar por las aguas, a veces traicioneras, de toda una vida en el ministerio me dio la sabiduría y la fuerza para no rendirme. Me preocupaba tanto por el proceso de Dios para purificar su unción en mí, que no me di cuenta de que Dios estaba protegiendo mi futuro. Ahora puedo reflexionar en el pasado y agradecer al Señor porque sé que esa es la razón por la que todavía estoy aquí.

Golpear, sacudir y aplastar son las tres etapas por las que pasa el olivo antes de que fluya su aceite. Antes de que caigan las aceitunas, hay que golpear al árbol con una vara. Luego hay que sacudirlo bruscamente con la mano para que las aceitunas caigan al suelo. Después de eso, las aceitunas se trituran. El aceite de oliva nunca fluye sin que sucedan esos tres pasos. Permíteme hablarte en cuanto a cómo se aplica cada etapa al proceso de Dios para purificar la unción.

1. La etapa de los golpes

El Libro de Deuteronomio habla de la paliza del olivo.

Cuando sacudas tus olivos, no rebusques en las ramas.

—Deuteronomio 24:20

¿En qué consiste el proceso de la sacudida? En mi opinión, este paso es llegar a la cruz donde la carne debe ser crucificada. Es la obra de la cruz de Jesús en la vida de los que Dios quiere usar. Si quieres que Dios te use, la carne debe morir. Como el olivo, serás azotados por la obra de la cruz.

Cuando aceptamos por completo la disciplina del Señor, debemos darnos cuenta de que también estamos aceptando sus procesos totalmente, incluida la corrección. Así como el niño sabe que el padre que lo corrige lo hace para su beneficio, para entrenarlo y ayudarlo, debemos confiar en nuestro amoroso Dios y aprender a amar su corrección. Le he dicho al Señor muchas veces: "Puedes castigarme todo lo que quieras; pero no me dejes nunca. Puedes corregirme en cualquier momento, Señor. Pero, simplemente, no te vayas de mi vida nunca". Y puedo decirte que él ha respondido bastante bien a esta oración.

Si queremos servir al Señor, debemos estar dispuestos a tomar la cruz, negarnos a nosotros mismos y rendirnos a él. Estamos obligados a hacer esto si queremos avanzar al nivel de servir, no al de ser servido. Esto debe hacerse antes de que Dios pueda purificarnos. El apóstol Pablo lo entendió muy bien. En 1 Corintios 9:27 nos dice:

> Más bien, golpeo mi cuerpo y lo domino, no sea que, después de haber predicado a otros, yo mismo quede descalificado.

Pablo entendió que tenía que someter su cuerpo físico al Espíritu Santo, para mantener el control sobre él, de forma que no fuera él mismo descalificado de la unción de Dios. Sabía que para hacer eso, tenía que crucificar su carne, negarse a dejarse llevar por los impulsos carnales que sentía y obligar a su naturaleza inferior a obedecer al Señor por completo.

¿Por qué golpeaban los árboles de olivo? Para que las aceitunas que estaban listas cayeran y fueran molidas. Solo las aceitunas que estaban lo suficientemente maduras caerían. El zarandeo mencionado por el profeta Isaías vino después.

2. La etapa de la sacudida

> Pero quedarán algunos rebuscos, como cuando se sacude el olivo y dos o tres aceitunas se quedan en las ramas más altas, y tal vez cuatro o cinco en todas las ramas del árbol.
>
> —Isaías 17:6

Ellos sacudían los árboles de olivo. ¿Por qué? Porque así caerían las aceitunas maduras y podrían aprovecharlas. En el caso nuestro, la sacudida viene en forma de persecución. La gente te insultará. Podrían vilipendiar a tus hijos. Incluso podrían protestar frente a tu casa, como lo hicieron con la mía durante años. Si tienes un ministerio público, es posible que te ataquen en las noticias y seguramente recibirás algunos comentarios desagradables en las redes sociales.

La sacudida es un paso necesario para que seamos humildes y nos arrepintamos ante Dios. Debemos acudir a él verdaderamente arrepentidos, con nuestros corazones quebrantados por el mismo pecado que hemos permitido. Negarnos a nosotros mismos y tomar nuestra cruz produce esa humildad y el verdadero arrepentimiento en nuestras vidas.

> Porque lo dice el excelso y sublime, el que vive para siempre, cuyo nombre es santo: "Yo habito en un lugar santo y sublime, pero también con el contrito y humilde de espíritu, para reanimar el espíritu de los humildes y alentar el corazón de los quebrantados".
>
> —Isaías 57:15

La sacudida vendrá sobre cada uno de nosotros, pero ¿y el aplastamiento?

3. La etapa de la trituración

Esta es la etapa por la que a nadie le gusta pasar porque la gente no se da cuenta de la belleza del principio bíblico que permite la trituración. Esto es lo que dice Miqueas:

> Lo que siembres no lo cosecharás, ni usarás el aceite de las aceitunas que exprimas, ni beberás el vino de las uvas que pises.
>
> —MIQUEAS 6:15

En Israel, pisan o trituran las aceitunas en un lagar con una piedra maciza, no con los pies como las uvas. En el caso nuestro, el aplastamiento consiste en una entrega total y absoluta al Maestro y a su voluntad, independientemente de cuál sea. ¿Estás dispuesto a renunciar a todo lo que amas en la vida? Renuncias a todo aquello a lo que te quieres aferrar porque el Señor va a aplastarlo. El aplastamiento saca de ti todo lo que es mundano y lo que perturba el plan de Dios para tu vida.

La parte aplastante del proceso de purificación te santifica para el uso del Señor. En este paso, él quita todo lo que fue producido, por la carne y el mundo, en tu ser.

A menudo le pido al Señor que haga una cosa por mí: "¡Señor, todo lo que hay en mí que tú aborrezcas, sácalo y destrúyelo!". Si procede de la carne, si procede del mundo y de sus caminos, no lo quiero. Eso no puede ayudarme para nada; solo puede separarme de él, y eso no lo permitiré. Te amo demasiado para permitir que eso suceda.

Estas son las claves para tu supervivencia como creyente y como siervo ungido del Señor. No tendrás que preocuparte por la contaminación mundana o demoníaca, ni por la debilidad que no puedas controlar, si permites que Dios te haga pasar por este proceso. En 2 Timoteo 2:20-21, Pablo señala que en las casas hay dos clases de vasos: los hay de oro y plata para honra, y de madera y barro para deshonra. Si quieres ser un vaso de honra, tendrás que pasar por el proceso. No hay otra manera. Dios te guardará a través de todo.

Capítulo 18

SEIS COSAS QUE PUEDEN DEBILITAR LA UNCIÓN DE PODER

A DEMÁS DE PERMITIR el proceso de purificación de Dios en tu vida, debes permanecer atento a seis puntos clave que pueden debilitar la unción que te da poder. Ahora bien, es probable que pienses: "Pero pastor Benny, ¿no se mantiene mi unción fuerte y pura mientras paso tiempo en la presencia de Dios?". Absolutamente y cubriré otras cosas que la mantienen fuerte más adelante en este capítulo. La Biblia dice que debemos resistir al diablo, pero dice que *no* resistamos al Espíritu Santo, que no contristemos al Espíritu Santo, que no apaguemos al Espíritu Santo. ¿Por qué? Bueno, el Espíritu Santo es tan manso como una paloma, pero no permanece donde hay algún desafío. Estas son cosas sobre la unción que pocos entienden y aun menos enseñan o predican, pero *debes comprenderlas si quieres que Dios te use en el ministerio.*

1. ENTRETENERSE CON LO DIABÓLICO

La unción de poder pierde su esencia, su potestad, su efectividad cuando las personas entretienen a lo demoníaco. ¿Cómo hacen eso? Permiten cosas demoníacas en sus vidas, como Acán en Josué 7, que tomó una especie de imagen diabólica y la escondió en su tienda violando descaradamente lo que Dios había instruido. Como resultado, en el versículo 12, el Señor dijo: "Si no destruyen ese botín [representación diabólica] que está en medio de ustedes, yo no seguiré a su lado". Ese es un versículo revelador. El Señor retiró su presencia y su poder de toda una nación a causa del pecado de un hombre. Ese hombre hizo que una nación perdiera una batalla que podría haber ganado con solo tres mil soldados.

Un objeto maldito trae maldición sobre la vida y el ministerio del que lo acoge. Puede debilitar la unción y, si no se trata adecuadamente, puede eliminar la presencia de Dios por completo. "No seguiré a su lado" significa que Dios puede alejarse de alguien, puede retirar su presencia. ¿Por qué? Porque el Espíritu Santo es demasiado santo para estar alrededor de algo que es demoníaco.

Por desdicha, muchos cristianos no pueden ser usados por Dios porque tienen libros y materiales demoníacos en sus hogares o ven cosas en la televisión o en las redes sociales que son de naturaleza infernal. Además, algunos pastores permiten cosas en su ministerio que son de naturaleza maléfica, ya sea a sabiendas o sin saberlo.

Deuteronomio 7:25 dice: "Pero tú deberás quemar en el fuego las esculturas de sus dioses. No codicies la plata y el oro que las recubren, *ni caigas en la trampa de quedarte con ellas*, pues eso es algo que aborrece el Señor tu Dios". Las cosas que usas en tu cuerpo pueden debilitar la unción. Pueden atraparte en la esclavitud. No te das cuenta de lo importante que es esto para Dios. Los cristianos pueden, sin saberlo, usar emblemas demoníacos, algo en un reloj o una joya, insignias o logotipos en la ropa, y se preguntan por qué Dios no los usa. Él es demasiado santo para permitirlo, por eso.

El versículo 26 (RVR1960) dice: "Y no traerás cosa abominable a tu casa, para que no seas anatema; del todo la aborrecerás y la abominarás, porque es anatema". Así que sácalo de ahí.

La guerra espiritual es real. Debemos dejar de permitir que el enemigo entre en nuestras vidas. Lo que sea que haya en tu casa que represente lo demoníaco, sácalo de ahí ahora mismo. ¡No pierdas más tiempo! Pueden ser decoraciones o incienso. Pueden ser películas o programas de televisión que ves o música que escuchas. Pueden ser contactos en tus redes, publicaciones en Facebook, Instagram o cualquier otra red social. Así que deshazte de todo eso. Dios te ha dado un don que no tiene precio. No dejes que nada lo debilite. Deshazte de todas esas cosas. No las necesitas.

Ahora déjame que te hable de otra verdad poderosa: deshacerte de eso no es suficiente. Después de eliminarlo, tienes que hablarle. La mayoría de la gente no hace esto, pero la Palabra lo afirma con claridad. La instrucción de Dios en Isaías 30:22 dice: "Entonces profanarás tus ídolos enchapados en plata y tus imágenes revestidas de oro; los arrojarás como cosa impura, *y les dirás: '¡Fuera de aquí!'"*.

Tienes que hablarles y decirles: *"¡Fuera!* Destruyo la influencia que fue traída a esta habitación. Le ordeno al demonio que vino con ella que salga, que se vaya de este lugar". Tienes que darte cuenta de que ese objeto trajo consigo un demonio. Ahora es el momento de echar ese objeto fuera. No basta con desecharlo. Tienes que echar lo diabólico que yace en el objeto, cosa que haces con tu boca.

La Biblia declara que la liberación vendrá a través de tus labios. Proverbios 12:6 (RVR1960) dice: "Las palabras de los impíos son asechanzas para derramar sangre; mas la boca de los rectos los librará". Eso se manifiesta cuando usas tu boca. Tú traes liberación con tus palabras. Después de eso, la unción de poder puede fluir.

2. Dejar que la carne la contamine

El segundo asunto que debilita la unción es la carne. Dios dice en Éxodo 30:32: "No lo derramen [el aceite de la unción] sobre el cuerpo de cualquier hombre, ni preparen otro aceite con la misma fórmula. Es un aceite sagrado, y así deberán considerarlo".

La presencia y el poder de Dios en nuestros ministerios pueden debilitarse si dejamos que la contaminación permee en nuestras vidas. No podemos permitirla, no importa lo que sea. En mi caso, tuve que aprender a tener cuidado con quién hablaba antes de ministrar. Cada saludo me podría costar caro porque podría debilitar la unción. Cuando alguien abre la boca, incluso un cristiano o un pastor con buenas intenciones, puede traer al mundo a la conversación.

También tuve que aprender que no puedes permitirte acercarte a personas impías. Debilitarán la unción en tu vida y te llevarán a un punto en el que puedes perderla por completo. Hollywood es un ambiente muy tentador y hace años fui lo suficientemente tonto como para pensar que podía ministrar a ese mundo. Me invitaron a algunas fiestas en Hollywood para que orara; muchos de los asistentes eran personalidades famosas. Eso era muy atractivo para mí en aquel momento. Pero comencé a notar que las cosas empezaron a complicarse en mi propia vida. Al fin, mi esposa, Suzanne, me preguntó qué estaba haciendo. "Bueno, quiero ganarme a esa gente", le dije. "Están interesados en lo sobrenatural. Quieren saber si lo que hago es real".

Suzanne, sin embargo, dijo: "Nunca te ganarás a esa gente. Esa no es tu decisión, Benny". Ella me recordó la escritura que dice: "No os unáis en yugo desigual con los incrédulos; porque ¿qué compañerismo tiene la justicia con la injusticia? ¿Y qué comunión la luz con las tinieblas? ... Por tanto, salid de en medio de ellos, y apartaos, dice el Señor, y no toquéis lo inmundo; y yo os recibiré" (2 Corintios 6:14, 17 RVR1960).

Dios no permitirá la inmundicia. Si tú la permites, él no te usará. Solo sácala, deséchala. Aprendí esto a los golpes, pero te lo advierto para que evites pasar por algunas de las mismas cosas.

La unción de poder también puede verse afectada por las imágenes que ves. Estoy hablando de cualquier cosa impía. Cuando fui al Madison Square Garden, las fotos de los artistas que habían actuado en ese famoso escenario estaban colgadas por todas partes. Así que dije: "No quiero mirar sus rostros, ya que eso debilitará la unción cuando camine en la plataforma. Cúbranlos". Entonces mi personal colocó cortinas negras sobre cada uno de ellos.

Antes de entrar a las habitaciones del hotel, pido a alguien que vaya delante de mí y, si hay cuadros en la pared que representen al mundo o al diablo, los quitan. También sacan todas las revistas y periódicos de la habitación. Revisan los cajones y limpian todo. No quiero ver nada de eso. Cualquiera de esas cosas debilitan la unción. Por eso desconecto la televisión y la radio. No quiero nada puesto cuando entro. Ni siquiera quiero escuchar música suave cuando entro. ¿Por qué? Para proteger la unción.

Para algunos esto puede parecer extremo, pero no para mí. Siento una tremenda responsabilidad por la unción fortalecedora que ha de fluir a través de mí para tocar a otros cuando ministro. Yo controlo su crecimiento o su debilitamiento. Yo me encargo de aumentarla o disminuirla. Soy encargado de contaminarla o de mantenerla pura. Dios me encarga de eso y debo protegerla. Déjame animarte: puedes hacerlo también. En Filipenses 4:13 Dios promete que todo lo puedes en Cristo que te fortalece.

3. PERMITIR QUE LA UNCIÓN SEA IMITADA, PRESTADA O ROBADA

La unción sobre ti para tu ministerio u oficio es la única que puedes liberar. La que tienes dentro de ti —la unción permanente—. Solo puedes usar la que está sobre ti, la unción que te da poder. Entregarla a las personas adecuadas es clave ya que esta unción se debilita cuando la impartes a personas indignas.

A los israelitas les darás las siguientes instrucciones: "De aquí en adelante, este será mi aceite de la unción sagrada. No lo derramen sobre el cuerpo de cualquier hombre, ni preparen otro aceite con la misma fórmula. Es un aceite sagrado, y así deberán considerarlo.

—Éxodo 30:31-32

Cuando permites que alguien te copie, debilitas tu ministerio. No estoy hablando de que alguien te copie sin que tú lo sepas; no tienes control sobre eso; no puedes hacer nada. Lo que sí te advierto es que no dejes que otros te copien entrenándolos para que sean otro tú. No hay otro tú. Solo hay uno. Eres único.

Puedes enseñarlos, bendecirlos e instruirlos. Pero en el momento en que entrenas o enseñas a alguien para que sea una copia de ti, acabas de debilitar tu oficio. La gente siempre piensa: "Si tengo a alguien que me copie, aumentará lo que Dios me da". No, eso no es así. Lo estás regalando. Déjame decirte cómo aprendí esto.

Hace un tiempo, solía tener una clase en la que entrenaba equipos de personas para que trabajaran en las cruzadas y en muchas iglesias a las que iba. En esas sesiones de capacitación, decía: "Esto es lo que quiero que hagas. Apareces dos horas antes de que empiece la actividad. Mientras la multitud entra al lugar, eliges una sección de personas. Empiezas a motivar la fe de esas personas. Les preguntas por qué están orando y empiezas a sembrar la Palabra. Pasas a la siguiente persona y a la siguiente y a la otra. Siembra la semilla de la Palabra de Dios a por lo menos cincuenta personas y estimula su fe durante dos horas. Luego, cuando comience la adoración y fluya la unción", les decía a los participantes, "corran como el fuego y oren con las personas a las que les dieron la Palabra de Dios anteriormente".

Los milagros comenzaron a fluir durante esa temporada debido a que los equipos ministeriales sembraron la semilla de la Palabra y la multitud estaba lista. Parecía una gran idea, hasta que algunos de esos aprendices comenzaron a pensar: "Ahora tengo mi propio ministerio de sanidad". Eso habría debilitado el ministerio, así que tuve que decir: "No, no lo harás. Has estado fluyendo bajo la unción de este ministerio. Eso no es tuyo".

Si otras personas piensan que es de ellas, armarán un lío. Si no proteges tu unción, la gente te la robará y debilitará el poder de Dios en tu vida. No solo eso, sino que también traerá división y confusión al cuerpo de Cristo.

Como mencioné, puedes pasar esta unción a otros, y hay momentos en los que Dios te indicará que pongas las manos sobre alguien y derrames tu unción sobre ellos. Si Dios lo instruye, como hizo con Moisés para que impusiera las manos sobre Josué, entonces él tiene un plan para levantar a esa otra persona sin desmerecer tu llamado. Pero no lo hagas solo porque te gusta la persona, sea quien sea. Si Dios no te ha dicho que lo hagas, eso debilitará tu ministerio.

4. PERMITIR QUE LAS PERSONAS INCORRECTAS SE ACERQUEN A TI

Las personas a las que permites estar cerca pueden luchar contra el plan de Dios para ti y debilitar la unción de poder en tu ministerio. Si tienes personas en el equipo asignado a posiciones inadecuadas o las promueves a puestos a los que Dios no los ha llamado, pueden causar división y perturbar la unción que Dios puso en tu ministerio u oficio. Tal vez no estés dirigiendo un ministerio de tiempo completo, por lo que no tienes personal ni una junta directiva con miembros. Todavía puedes causar debilidad a tu ministerio si hay conflictos y peleas entre tu familia u otros cristianos que te acompañan en tu trabajo para Dios.

Si vas a desempeñarte en el ministerio, tienes que ser consciente de todos los que te rodean y si su espíritu fluye o no con tu unción. A veces puedes darte cuenta externamente y de inmediato si no están contigo; otras veces, debes pedirle al Espíritu Santo que te ayude a discernir si están fluyendo en la misma corriente. Si no es así, debilitarán la unción sobre ti.

Si tienes un ministerio de enseñanza, pon atención a la persona que se sienta en la plataforma contigo y a la que se sienta en la primera fila escuchándote. ¿Por qué? Porque la unción puede verse afectada por personas que la desafían. Es un reto ir a iglesias con personas sentadas en la primera fila que no adorarán. Solo miran. Eso mata la unción. Cuando el Señor fue a Nazaret, como se narra en Mateo 13:54-58, lo desafiaron. La Biblia dice que Jesús no pudo hacer obras poderosas allí. ¿Por qué? Porque fue desafiado. Tuvo oposición.

La unción permanente depende de *tu* hambre espiritual. La unción de poder depende de la necesidad o el hambre espiritual de aquellos a quienes ministra. También se ve afectada por el individuo que está a tu alrededor. Cuando haya unidad y armonía, la unción aumentará en ti. Cuando haya división o deslealtad, disminuirá para ti.

5. LOS ESPÍRITUS CONTROLADORES

En 3 Juan 1:9, Juan advirtió a la iglesia acerca de un hombre controlador llamado Diótrefes, que ansiaba la preeminencia. Ese hombre estaba tratando de controlar la vida de las personas con su espíritu religioso. Si dejas que alguien con espíritu religioso te rodee, debilitará o matará lo que Dios te ha dado. Los hombres y las mujeres legalistas y controladores son mortales para la unción poderosa de Dios sobre ti.

Eso me paso a mí. Un amigo mío comenzó a interferir en el ministerio, por lo que tuve que decirle: "No vuelvas a llamarme nunca más". Tuve que dejarlo fuera porque sé que permitir que alguien con un espíritu legalista, un espíritu religioso, esté cerca de uno es mortal para la unción. Los espíritus religiosos debilitan e incluso matan la unción. Si permites que se acerquen a ti, destruirán la unción que te da poder.

Si quieres que Dios te use en cualquier tipo de ministerio, *debes tener cuidado de no reemplazar la voz del Espíritu Santo con la de otra persona.* Además, no permitas que una persona dotada, que cree que es un profeta, se convierta en la voz de Dios. Eso es muy peligroso porque te vuelves más dependiente de lo que Dios le está diciendo a esa persona que de lo que te dice a ti. A fin de cuentas, no tendrás la habilidad de escuchar a Dios por ti mismo. No debes permitir que la voz de Dios sea silenciada en tu propia vida por la voz de alguien que se cree profeta. Al final, pensarán que te están hablando en nombre de Dios. El Señor no necesita que nadie hable en su nombre. Él mismo puede hablarnos muy claramente a cada uno de nosotros.

6. El pecado de otras personas

Si las personas inapropiadas te tocan, debilitarán la unción sobre ti. La Palabra de Dios dice en 1 Timoteo 5:22: "No te apresures a imponerle las manos a nadie, no sea que te hagas cómplice de pecados ajenos. Consérvate puro". Así que no les pongas las manos encima y ni siquiera dejes que te toquen para que no participes de sus pecados e impurezas. Protégete del peligro, la brujería y los demonios que traen consigo.

Hace mucho tiempo, antes de que Dios derramara la gran unción sobre mí en Canadá, estaba en una tienda un lunes por la noche. Una bruja estaba comprando allí y se me acercó. Esos diablos saben quién es uno y le dijeron a esa mujer quién era yo. Así que trató de tocarme y, cuando me aparté, le dije: "No me toque, señora". Sentía que algo salía de mí cada vez que esa mujer se me acercaba. Salí rápido de aquel lugar porque sentí la presencia maligna. Puedes sentir los demonios en otras personas.

Incluso necesitas protegerte de las personas bien intencionadas que quieren orar por ti e imponerte las manos. Comencé a aprender estas lecciones cuando asistía a varias reuniones.

Antes de la reunión, la gente se reunía y decía: "Oremos por el hermano Benny". Pero cuando ponían sus manos sobre mí podía sentir que la unción fortalecedora se debilitaba. He aprendido a no dejar que nadie que no conozco me ponga las manos encima. La Biblia dice: "Os rogamos, hermanos, que reconozcáis a los que trabajan entre vosotros" (1 Tesalonicenses 5:12 RVR1960). Oral Roberts, Rex Humbard y otros hombres y mujeres de Dios que conozco han orado por mí muchas veces, y ha sido algo precioso y de mucha bendición para mí.

Me sucedió en Jerusalén en 1977. Llegué al lugar donde estaría ministrando y dejé que la gente orara por mí. Sentí que la unción de poder me dejaba. Como ya estaba en el lugar y no podía regresar a mi hotel, tuve que volver al autobús, pedirle al conductor que lo cerrara con llave, lo cual hizo, y comencé a interceder y a orar hasta que la unción volvió sobre mí. Tuve que pedirle a Dios que me perdonara por ser lo suficientemente ingenuo como para dejar que la gente me tocara, porque algunas de sus historias eran raras, y luego me ponían las manos encima precisamente antes de ministrar. Me di cuenta de que no debía dejar que me tocaran porque no sabía qué espíritu había en ellos. Fue entonces cuando entendí por qué a veces veía a Kathryn Kuhlman alejarse de las personas en la plataforma cuando ministraba.

Como todavía estaba aprendiendo, entraba a esas reuniones y decía: "Padre, aplico la sangre del Señor Jesús sobre mí ahora mismo", porque no sabía lo que las personas hicieron ese día. No sabía qué había en la atmósfera, pero sabía que no quería que la unción de poder se viera afectada por nada. Con el tiempo, aprendí a decir: "No me toques, por favor. No necesito que ores por mí. Ya oré". Lo hacía para evitar la contaminación que podía ocurrir. El Espíritu de Dios es demasiado santo para permitir la contaminación a su alrededor.

Por el contrario, lo mismo puede suceder cuando pones tus manos sobre otro individuo. La Biblia tiene mucho que decir acerca de imponer las manos sobre las personas. Francamente, está prohibido hacerlo de manera casual. Analiza otra vez 1 Timoteo 5:22, pasaje que cité anteriormente. Pablo le dijo a Timoteo que no le pusiera las manos encima a nadie porque no sabía qué espíritu estaba obrando en ellos. Timoteo no estaba viviendo en pecado. No era débil en el Espíritu, pero Pablo le advirtió sobre eso. Aunque seas fuerte, por favor, no los toques. Eso debilitará tu unción de poder y más aun, piensa en el daño que puede causarle a tu vida. He visto ministros destruidos y ministerios desvanecidos porque no prestaron atención a la advertencia de Pablo.

Pablo dijo que no se impusieran las manos *de repente*. Eso significa que hay que usar la sabiduría. Protégete antes de poner las manos encima a alguien. De repente no quiere decir que no debas poner las manos sobre nadie jamás, sino que lo hagas con sabiduría y déjate guiar por el Espíritu Santo. Pablo advirtió a Timoteo que usara sabiduría al imponer las manos sobre cualquiera. A veces, bajo la unción fortalecedora, el Espíritu Santo puede guiarte para que impongas las manos sobre cierto individuo. Si estás seguro de que estás escuchando a Dios y has usado la sabiduría para protegerte de antemano, puedes sentirte libre de seguir la instrucción del Espíritu con confianza, sin preocuparte por contaminar el fluir de Dios a través de ti.

He impuesto mis manos a miles de personas, pero he aprendido a protegerme. *Mi protección proviene del tiempo que paso con Dios.* La presencia del Señor es mi protección.

> Tú eres mi refugio; tú me protegerás del peligro y me rodearás con cánticos de liberación.
>
> —Salmos 32:7

Capítulo 19

SIETE COSAS QUE RESGUARDAN LA UNCIÓN DE PODER

Entonces con todas estas cosas que pueden afectar la unción de poder, ¿cómo puedes mantenerte fuerte? Buena pregunta. Acabo de hablar acerca de seis asuntos que pueden debilitar la unción de poder. Ahora permíteme que te hable de siete cosas que protegerán esta unción.

1. Escudriña la Palabra de Dios

> Cuando lavaba yo mis pasos con leche, y la piedra me derramaba ríos de aceite.
> —Job 29:6 RVR1960

Cuando dedicamos tiempo a solas con el Señor meditando en su Palabra y en oración, llega un momento en que la Palabra de Dios comienza a morar en nuestro ser espiritual. Es entonces cuando *la Palabra de Dios intensifica la unción de poder en tu vida y tu ministerio.* Meditar en ella te conducirá a la revelación. A medida que la revelación comience a fluir, se fortalecerá la unción de poder en tu vida y tu ministerio.

2. Adora

Te mantienes fuerte cuando permaneces en el lugar alto del Espíritu Santo. La adoración es vital para el lugar alto en el que Dios quiere que permanezcas. Recuerda, el lugar alto de Deuteronomio 32:13, que es el lugar secreto del Salmo 91, es tu lugar de protección. La adoración crea una atmósfera protectora.

> Lo hizo cabalgar sobre las alturas de la tierra y lo alimentó con el fruto de los campos. Lo nutrió con miel y aceite, que hizo brotar de la roca.
>
> —Deuteronomio 32:13

A medida que aprendes acerca de las cosas que *debilitan* la unción, también debes comprender que *ella se puede restaurar.* Si has permitido que algo la debilite, debes saber que puede ser restaurada. Los adoradores son los únicos que pueden llegar ayudar. ¿Cómo crees que pude restaurar lo que tuve que aprender de la manera más difícil? Porque soy adorador. Me encanta adorar a mi Dios. Adorar al Señor ha estado en mi corazón desde el primer día y continúa conservándose así hasta hoy. Me encanta adorar a nuestro maravilloso Jesús.

La adoración crea la atmósfera para tu protección. Te mantiene en esos dominios elevados del espíritu, donde estás extrayendo la miel de la Palabra y el aceite de la unción. Cuando adoras al Señor, su presencia se manifiesta. El Señor se hace tangible. Cuando lo adoras, te rindes; entregas tu cuerpo a él. Y sigues adorando porque es más fácil hacerlo. Tu protección se restaura cada vez que te unes al Señor.

3. ORA EN LENGUAS

Traté esto en un capítulo anterior, pero diré un poco más aquí. A veces se hace necesario orar en lenguas desconocidas para permanecer en el lugar alto donde fluye la miel y el aceite. Cuando algo disminuye la unción de poder, tienes que aumentarla y restaurar tus fuerzas. En mi caso, eso sucede principalmente a través de la adoración, pero ha habido ocasiones en las que he sentido que necesito orar en lenguas para restaurar ese ámbito y así extraer la unción otra vez.

Aprendí esto en 1977, en Jerusalén, cuando tuve que volver al autobús. Entré en adoración en el vehículo y me reuní con el Señor muy poderosamente. Luego comencé a orar en lenguas, lo cual se hizo más rápido y más fuerte. Y estando en eso, sentí que el mundo demoníaco se enredó mucho. Sentí que los demonios se confundían. Lo palpé. Eso fue porque, en el momento en que hablas en lenguas, el enemigo no sabe qué hacer. Lo paralizas. Mientras oraba en lenguas en ese autobús, sentí que el Señor les puso cadenas a los demonios y yo salí libre. Fue una experiencia asombrosa.

La adoración es esencial, pero a veces es necesario orar en lenguas porque entonces ganas la batalla espiritual. A través de la adoración, te vuelves a conectar con Dios y, a través de las lenguas, confundes el campamento del enemigo. Estas dos cosas coadyuvan a restaurar la unción.

4. ACOMPÁÑATE DE UN ADORADOR

Ahora bien, aunque estás protegido en el lugar alto a través de la adoración, y el enemigo está confundido porque oraste en lenguas, todavía tienes que ir al campo de batalla cada vez que ministras. El enemigo no sabe qué hacer en ese momento, pero no es tonto. Él te ve comenzando a ministrar y sabe cómo vengarse de ti. Confía en mí; él tiene mucha experiencia en atacar a las personas que Dios usa. Así que intentará debilitarte nuevamente y ese es el momento en que debes encontrar un adorador que se conecte contigo.

¿Qué quiero decir con eso? Ten cerca de ti a alguien que sea un adorador, que te mantenga unido al Señor y te proteja. El adorador puede orar y pelear por ti mientras ministras. Verás, cuando estaba en ese autobús, estaba peleando una guerra espiritual, pero no me di cuenta de que también estaba afectando mi fuerza física, a pesar de que la unción de poder sobre mí era fuerte de nuevo. Cuando eso me sucedió en Jerusalén, el pastor John Arnott —el de la Bendición de Toronto— estaba allí. John solía trabajar conmigo. Le dije: "Johnny, quédate conmigo", y me aferré a él. Mi fuerza estaba débil debido a la batalla que acababa de librar en ese autobús, por lo que necesitaba su ayuda para seguir adelante.

Si Dios te usa lo suficiente, algún día este consejo te será útil. Agradecerás a Dios por haber leído este libro. Y cuánto más luchas, más lo necesitas. Dependiendo del nivel de guerra espiritual que enfrentes, a veces necesitas más de una persona.

Una vez estaba ministrando en Mumbai a 2.5 millones de personas frente a mí y comencé a sentir ataques demoníacos. Hice un giro y allí estaban Suzanne y otras dos damas. Les dije: "¡Señoras, vengan detrás de mí ahora! ¡A orar!". El ataque espiritual que percibí fue intenso, pero sentí que la fuerza volvía tan pronto como ellas comenzaron a interceder. Fue entonces cuando me di cuenta de que hay veces que necesitamos el apoyo de más de una persona orando.

Puedes aplicar este principio a cualquier tipo de ministerio que hagas para el Señor. Tienes que permanecer en ese ámbito de adoración y protección. Si no puedes permanecer allí por tu esfuerzo, busca a alguien que pueda ayudarte. Consigue un adorador que te acompañe y ore mientras ministras, y podrás conectarte a través de su fuerza. Es posible que descubras que no necesitas eso normalmente. Aun así, tarde o temprano, habrá un momento en que lo hagas, principalmente si ministras en otro país donde estás luchando contra diferentes espíritus.

Cuando sientas que esto está sucediendo, busca a alguien que conozcas y en quien confíes y dile: "Ora por mí". Pídele que se pare detrás de ti e interceda mientras enseñas, predicas, evangelizas u oras por las personas. Sentirás la fuerza y el fluir provenientes de esa persona.

5. Mantente fuerte para que termines fortalecido

Permanecer en el reino de los lugares altos de Dios requerirá mucho de quien se rinda a la unción de poder. Eso puede afectarte tanto física como espiritualmente. A medida que aprendas a permanecer en el ámbito de los lugares altos de Dios, llegarás a apreciar el apoyo de los demás. Esto es especialmente cierto después de haber estado ministrando durante un período prolongado. Cuando comienzas el ministerio al que te dedicas, todo es intenso. Pero después de un tiempo, aunque haya empezado con cierta fortaleza, tras haber estado ministrando durante mucho tiempo, encontrarás que tu fuerza se debilita. Tal vez experimentaste algo similar en la unción y tuviste que volver a un lugar de fortaleza. Ahora estás muy cansado. No es fácil permanecer solo en el lugar alto; tener un adorador a tu lado te ayudará a recuperar y conservar tu fuerza.

También puedes beneficiarte si tienes a alguien que vigile por si hay distracciones. Si estás en una iglesia, los ujieres pueden ayudarte con eso. No necesitas bebés llorando ni personas moviéndose en el transcurso de los servicios. Los teléfonos celulares que suenan interrumpen a toda la congregación. Alguien que se te acerque en el momento inapropiado también puede distraerte. Estas interrupciones son manifestaciones de la carne, que intentan limitar el flujo del santo poder de Dios. Tener a alguien que ayude a mantener a raya las distracciones permitirá que la unción se mantenga fuerte.

Es importante que termines tu tiempo de ministerio con fuerzas. Gana a los perdidos, durante ese periodo ministrando, aumentando en intensidad a medida que avanzas. Deja que el final se convierta en la parte más fuerte. Para terminar fuerte, necesitas mantenerte energizado en el Espíritu.

6. No permitas que la carne se manifieste

Este es un problema importante. Cuando la unción de poder fluye, las personas pueden confundir las cosas hechas en la carne con un mover de Dios. Esto se debe a que a medida que fluye esa unción, esta agita todo en ellos, tanto el Espíritu como la carne. Vemos un ejemplo de ello en 1 Samuel 19:24, cuando Saúl se rasgó la ropa y se acostó desnudo, aunque profetizó.

> Luego se quitó la ropa y, desnudo y en el suelo, estuvo en trance en presencia de Samuel todo el día y toda la noche. De ahí viene el dicho: "¿Acaso también Saúl es uno de los profetas?".
>
> —1 Samuel 19:24

¿Por qué profetizó Saúl? La unción a veces puede activar un don latente, por lo que se da un don sin arrepentimiento. El rey Saúl tenía un don. Lo profético ya estaba en él. Él profetizó cuando Samuel le impuso las manos por primera vez y ese don profético no se fue.

El don de Dios todavía estaba en Saúl, pero en ese tiempo simplemente estaba inactivo. Más tarde, cuando entró en contacto con la unción de Samuel, este don volvió a la vida, pero la carne vino con él. La unción reactivó el don, pero la carne también se movió. A medida que la carne se levanta, trata de imitar la unción de poder, usurpando su lugar. La carne actúa como si fuera la unción real de Dios en vez de un falso sustituto autoinducido.

Algunas personas sienten soplar el viento del Espíritu y comienzan a manifestarse en la carne. Empiezan a decir cosas que suenan espirituales pero que no son de Dios. Eso interrumpe lo que Dios está haciendo a través de ti. No dejes que eso suceda puesto que te debilitará. En Hechos 16, cuando una muchacha endemoniada comenzó a seguir a Pablo y gritaba todos los días que él era el siervo del Dios altísimo, ¿qué hizo Pablo? Reprendió a ese espíritu demoníaco porque entendió que no era verdadero. Era una manifestación de demonios hablando a través de la carne.

Pablo notó la diferencia porque lo que salió de esa chica fue solo una charla religiosa. Aunque lo que ella dijo acerca de Pablo era cierto, este percibió que era un demonio, un espíritu religioso que estaba hablando a través de ella. A veces, lo que alguien dice puede ser verdad, pero el espíritu que hay detrás es un espíritu religioso. No puedes permitir que los espíritus religiosos tomen el control y diluyan el poder de la unción de Dios.

La carne no es el Espíritu Santo. La gente puede empezar a hacer cosas que parecen espirituales. Lo que dicen puede sonar como si Dios estuviera hablando, pero no es Dios. Eso debilitará el poder de Dios que fluye a través de ti. No dejes que suceda.

7. Mantente en la corriente correcta

La unción de poder puede verse afectada negativamente si estás en la corriente equivocada. Nunca aceptes una invitación del arroyo erróneo ni del río errado. ¿Qué quiero decir con eso? La corriente o el río equivocado son las personas y los pastores que no fluyen de la misma manera que tú.

Puedes tratar de ministrar en una iglesia donde el pastor no está de acuerdo con que Dios te use con la palabra de conocimiento. No está de acuerdo con las diferentes manifestaciones del poder de Dios. O no apoya la forma en que fluyes en la sanidad y la unción de Dios. Él tiene su propio camino, su propio flujo. Si quieres ministrar en su iglesia, tienes que encajar en su molde. Él espera que seas como él.

Si aceptas esa invitación, desperdicias tu energía. ¿Por qué? Porque el hombre que te invitó no está en tu flujo. Aquí te presento un ejemplo de algo que me ocurrió. Prediqué una vez en una pequeña iglesia rural en Canadá. Cuando el pastor inició la reunión, dijo: "Hoy nos arriesgamos al tener a Benny Hinn". Esa fue una señal de que la invitación no era una buena idea. Me levanté, aquello fue algo rudo. No podía ministrar libremente porque había mucho desafío en la atmósfera de aquel lugar.

Después del servicio, mientras me dirigía a mi automóvil, una dulce dama se me acercó en el estacionamiento y me dijo: "Tienes ganas de sacudirte el polvo, ¿no es así?". Antes de que pudiera responder, me dijo: "Bueno, soy carismática llena del Espíritu. Estuve orando por ti todo el tiempo". Y luego dijo algo que nunca olvidaré: "Espero que hayas aprendido la lección de hoy". En ese momento, no sabía a qué se refería, pero ahora sí. Nunca vayas donde te desafían. Si no fluyen contigo, eso puede bloquear la unción de poder.

Encontrar la corriente correcta tiene que ver con hallar personas que crean en la unción de la misma manera que tú. No estoy hablando de diferencias doctrinales entre denominaciones. Es posible que las personas no estén de acuerdo contigo en algunos puntos. No te preocupes por las diferencias en la teología. Es el flujo lo que importa. Si tienes el flujo correcto, terminarás en la teología correcta. Si estás de acuerdo con el flujo, encontrarás un acuerdo sobre la teología más adelante. Pero si no estás de acuerdo con el flujo, nunca lo estarás con la teología.

A medida que has estado leyendo este libro, he orado para que recibas sabiduría en cuanto a cómo proteger la unción que te da poder para ministrar. Cuando Dios te use más, te revelará más de lo que está a punto de hacer a continuación en tu vida y en el mundo, porque el día del Señor está cerca. El don profético comenzará a explotar dentro de tu espíritu.

En este nivel, el don profético cae bajo la cubierta de la unción de poder. Hay una unción más fuerte por el ministerio profético que algunos están llamados a cumplir. Este es el oficio del profeta. El hecho de que alguien se mueva en un don profético, no necesariamente indica que la persona sea llamada al oficio de profeta. Este es un punto relevante que requiere un examen cuidadoso por lo sensible e importante que es. Para darle a este tema el enfoque y el tiempo que merece, he preparado una enseñanza más profunda de la que hablaré en la siguiente parte del libro. Si tienes hambre de saber más sobre lo profético, esta próxima enseñanza te equipará para el llamado de Dios a tu vida.

TERCERA PARTE

UNGIDO PARA PROFETIZAR

Capítulo 20

EL MISTERIO DE LA
UNCIÓN PROFÉTICA

L
OS TIEMPOS EN los que vivimos ahora no se parecen a ninguno que el mundo haya conocido. Hay una escalada en la intensidad de la batalla espiritual en los lugares celestiales. Todas las naciones del planeta están atrapadas en el desarrollo profético de los últimos tiempos, lo que ocurre ante nuestros propios ojos. En estos días aterradores, en este ambiente profético, ha habido una sobreabundancia de personas que afirman tener una palabra profética que darnos, una advertencia o un decreto que dicen que proviene de Dios.

Hay mucho hoy que se llama profético que no lo es. Muchas voces en el mundo de hoy afirman ser proféticas, muchas personas afirman ser profetas, pero la mayoría de ellos ni siquiera entienden el oficio del profeta, y mucho menos tienen la unción de Dios para desempeñar tal función. Muchos son creyentes que simplemente han sido engañados en cuanto a la unción del profeta, el don de profecía y el oficio del profeta, si es que se les ha enseñado acerca de tales cosas. En este capítulo comenzaremos a echar las bases para una auténtica comprensión de los ámbitos que abarcan lo profético. Necesitas un verdadero entendimiento de los reinos proféticos, y esa legítima comprensión comienza con el fundamento seguro y firme de las Escrituras.

El segundo capítulo de Joel se cita a menudo en referencia al don de profecía, y con mucha razón. Pero hay tres cosas que este pasaje nos dice acerca de la profecía que la mayoría de la gente pasa por alto. Echemos un vistazo más profundo a lo que nos dice este pasaje familiar.

Primero, Joel 2 declara que profetizar ocurrirá "después". ¿Después de que? Para responder a esto, tienes que mirar lo que dijo Joel tempranamente. Joel 1:14 dice: "Entréguense al ayuno, convoquen a una asamblea solemne. Reúnan a los ancianos del pueblo en la casa del Señor su Dios; reúnan a todos los habitantes del país, y clamen al Señor". Dios le está pidiendo a su pueblo que lo busque, lo llame y clame a él. En Joel 1, Dios llama a su pueblo a la intercesión, y en Joel 2 les dice lo que vendrá después. *La intercesión precede a lo profético.*

Segundo, en Joel 2:28 Dios dice: "Derramaré mi espíritu". No dijo *verter*. Si iba a ser derramado, eso significaría que él lo derramaría desde el cielo sobre la tierra. Pero no, lo que Joel nos dice aquí revela que no es así. Derramar significa que ya está en tu corazón. Al salvarte, el Señor ya te llenó con su Espíritu. Si eres salvo, su Espíritu está en ti. Porque el Espíritu Santo está en cada uno de nosotros, *lo profético ya está en cada creyente.* Ya está en ti.

Tercero, Dios declara con claridad, en el versículo 30, lo siguiente: "En el cielo y en la tierra mostraré prodigios: sangre, fuego y columnas de humo", lo cual es juicio. Para entender más sobre el juicio profético que ha de suceder, veamos el Libro de los Hechos. Pedro cita un pasaje de Joel 2 cuando le cuenta a la multitud lo que sucedió el día de Pentecostés.

Estamos viviendo en un tiempo emocionante para la iglesia. No hay duda de que el Señor está restaurando los dones del Espíritu Santo. Creo que los dones están a punto de entrar en pleno funcionamiento, como aún no lo hemos visto, tal cual sucedió hace dos mil años o en tiempos pasados con diferentes movimientos de Dios a lo largo de la historia de la iglesia. A fin de prepararnos para estos emocionantes días, necesitamos grandemente una mejor comprensión de los ámbitos en los que opera la unción profética. Por tanto, prepárate ahora para que te sumerjas conmigo en lo profético.

Capítulo 21

LOS CUATRO DOMINIOS
DE LO PROFÉTICO

ALGUNAS PERSONAS NO creen que los dones del Espíritu Santo sean para hoy, especialmente el don profético, debido a los extremos que podrían haber visto y a causa de los maestros de la Biblia que han descartado lo profético o cualquier palabra actual de Dios. La denominación protestante más grande del mundo afirma en la doctrina de su organización que Dios ya no habla a las personas más allá de la última Escritura plasmada. Pero los dones del Espíritu son bíblicos y sus funciones en el cuerpo de Cristo no han cesado.

Sabemos que lo profético es para nuestro beneficio porque en 1 Corintios 12:7 Pablo indica: "A cada uno se le da una manifestación especial del Espíritu para el bien de los demás". Por lo tanto, lo profético es imprescindible para nuestra productividad en el Espíritu Santo. La operación de los dones espirituales en tu vida es esencial para que la gloria del Señor se manifieste. Si quieres cumplir con todo lo que Dios te ha llamado a hacer, *debes abrazar estos dones del Espíritu Santo.*

Comencemos por observar cuatro reinos diferentes de lo profético.

1. La profecía de las Escrituras

El primer ámbito profético es la Palabra de Dios misma.

> Entendiendo primero esto, que ninguna profecía de la
> Escritura es de interpretación privada, porque nunca la
> profecía fue traída por voluntad humana, sino que los
> santos hombres de Dios hablaron siendo inspirados por
> el Espíritu Santo.
>
> —2 Pedro 1:20-21 RVR1960

Pedro lo llama la "profecía de la Escritura" y lo describe claramente como la declaración de la Palabra de Dios. No contiene ningún error. No contiene fallos. No hay imperfecciones en ese ámbito de lo profético. Es la Palabra inspirada de Dios. Es la verdad divina dada sin participación humana. Nadie ha agregado nada a las Escrituras ni ha dicho: "Esto es lo que creo que significa". Es la Palabra de Dios, pura y simple. Dios lo habla y eso es todo lo que hay. La Palabra de Dios es profética.

Cuando las personas comparten las Escrituras, están profetizando, ya sea que lo sepan o no. Están ministrando en el primer dominio de lo profético, *porque la Escritura es el primer ámbito de lo profético.* Cada vez que en este libro he citado la Biblia, te he profetizado. Toda la Palabra de Dios es profética. La Palabra de Dios en las Escrituras es el primer reino.

Solo este tipo de profecía puede proclamar correctamente la inspiración total del Espíritu Santo. Todos los demás ámbitos de lo profético son inspirados, pero no son revelaciones directas del Señor. Con otros reinos de la profecía, el elemento humano entra para explicar lo que Dios está diciendo. Por tanto, cuando Pedro dijo que no hay interpretación privada en el primer ámbito, dio a entender que podría haber interpretación privada en otros ámbitos de la profecía.

La Palabra de Dios es la forma más alta y pura de revelación y comunicación. Cada vez que Dios comenzaba a hablar a través de un hombre, ya fuera Isaías, Jeremías, Ezequiel u otro profeta del Antiguo Testamento, todos decían: "Así dice el Señor". Ninguno de ellos dijo: "Yo digo" o "Déjame explicarte". Esos profetas en los días del antiguo pacto no entendían lo que estaban diciendo. No era su función entender o explicar.

Más tarde, cuando el Señor Jesús vino y nos dio al Espíritu Santo, la iglesia comenzó a entender lo que querían decir los profetas. Así leemos en 1 Corintios 2:9-10 lo que sigue: "Sin embargo, como está escrito: 'Ningún ojo ha visto, ningún oído ha escuchado, ninguna mente humana ha concebido lo que Dios ha preparado para quienes lo aman'. Ahora bien, Dios nos ha revelado esto por medio de su Espíritu, pues el Espíritu lo examina todo, hasta las profundidades de Dios". Dios no se lo reveló a los profetas de la antigüedad: Isaías, Jeremías y otros. Pero decidió revelárnoslas hoy.

Cuando esos hombres y mujeres de Dios del Antiguo Testamento profetizaron, no sabían lo que estaban diciendo.

> Los profetas, que anunciaron la gracia reservada para ustedes, estudiaron cuidadosamente esta salvación. Querían descubrir a qué tiempo y a cuáles circunstancias se refería el Espíritu de Cristo, que estaba en ellos, cuando testificó de antemano acerca de los sufrimientos de Cristo y de la gloria que vendría después de estos. A ellos se les reveló que no se estaban sirviendo a sí mismos, sino que les servían a ustedes. Hablaban de las cosas que ahora les han anunciado los que les predicaron el evangelio por medio del Espíritu Santo enviado del cielo. Aun los mismos ángeles anhelan contemplar esas cosas.
> —1 Pedro 1:10-12

Cuando enseñas la Palabra de Dios, sabes exactamente lo que Dios está diciendo. ¿No es extraordinario? Qué clase de privilegio el que tenemos hoy.

2. El espíritu de profecía

El segundo ámbito es el espíritu de profecía mencionado en Apocalipsis 19:10, que dice:

> Me postré a sus pies para adorarlo. Pero él me dijo: "¡No, cuidado! Soy un siervo como tú y como tus hermanos que se mantienen fieles al testimonio de Jesús. ¡Adora solo a Dios! El testimonio de Jesús es el espíritu que inspira la profecía".

El "testimonio de Jesús" es la predicación del evangelio bajo la unción. Cuando una persona está ministrando el evangelio con poder, la atmósfera se vuelve profética. Eso es lo que las Escrituras quieren decir con el espíritu de profecía. El Espíritu del Señor trae la atmósfera de lo profético a cualquier habitación.

Lo profético tiene una atmósfera. Esa atmósfera de lo profético resulta de la Palabra de Dios al ser ministrada con poder, al ser predicado el evangelio con poder. Hoy, en muchos círculos, la gente carece de poder. Es por eso que en muchas áreas no hay un verdadero don profético en operación. Y cuando no hay un verdadero don profético, tampoco hay otros dones en acción: ni discernimiento, ni palabra de conocimiento, ni palabra de sabiduría. Y no hay liberación, tampoco hay expulsión de demonios. ¿Por qué es eso? Porque si no hay discernimiento, ¿cómo se puede discernir el demonio para echarlo fuera?

Lo profético es el don más grande porque libera todos los demás dones. Es por eso que Pablo dijo: "Empéñense en seguir el amor y ambicionen los dones espirituales, sobre todo el de profecía" (1 Corintios 14:1). Cuando lo profético comienza a manifestarse, activa todos los demás reinos. Todos los demás dones cobran vida. Cuando empieza lo profético, se activa la palabra de conocimiento, se activa la palabra de sabiduría, se activa el discernimiento de espíritus, se activa el don de lenguas. Todo se activa con lo profético. Por lo tanto, lo profético es el más importante de todos los ámbitos de nuestra vida. Por eso Moisés dijo: "¡Cómo quisiera que todo el pueblo del Señor profetizara, y que el Señor pusiera su Espíritu en todos ellos!" (Números 11:29).

Hoy en día, muchos no quieren permitir que fluya lo profético debido a la confusión en cuanto a lo que eso es y cómo debe manifestarse y fluir. Parte de ello se debe a que no se nos ha enseñado adecuadamente cómo controlarlo. Una vez que fluye lo profético, tienes que controlarlo, o puede volverse peligroso. La gente a menudo quiere levantarse y profetizar cuando estoy bajo una fuerte unción en las iglesias o las cruzadas. Pero tengo que decirles que "ahora no", porque todavía estoy ministrando la Palabra, y al Espíritu Santo no se le interrumpe. Si no hubiera controlado esa situación, me habrían pasado todo tipo de cosas confusas que podrían haber sido muy dañinas para el servicio y para las personas que atienden. La instrucción de Pablo a los creyentes en Corinto fue: "Dios no es un Dios de desorden, sino de paz. Como es costumbre en las congregaciones de los creyentes" (1 Corintios 14:33).

¿Por qué pasó eso? ¿Por qué se sintieron guiados a profetizar? Porque lo profético se agita cuando predicas el evangelio bajo el poder de Dios. El espíritu de profecía se menciona en 1 Samuel 19 cuando Saúl profetizó.

> Saúl se dirigió entonces hacia allá, pero el Espíritu de Dios vino con poder también sobre él, y Saúl estuvo en trance profético por todo el camino, hasta llegar a Nayot de Ramá.
>
> —1 Samuel 19:23

El espíritu de profecía que vino sobre Saúl continuó por mucho tiempo. Impregnó la atmósfera de toda el área solo por el espíritu de profecía que fluía a través del ministerio del profeta Samuel.

3. EL DON DE PROFECÍA

Luego, tenemos el don de profecía, que es el tercer ámbito o dominio. El don de profecía se menciona en 1 Corintios 12 y luego se explica más en el capítulo 14. Tiene fronteras, lo que significa que hay límites para su propósito. Explicaré con más profundidad los límites de este don más adelante. Por ahora, hablaré brevemente sobre el cuarto ámbito y luego dedicaré gran parte del próximo capítulo a malentendidos acerca de este tercer ámbito, el don de profecía.

4. EL OFICIO DE PROFETA

Debes entender estos dos puntos principales relacionados con el cuarto ámbito de lo profético: primero, está el oficio del profeta, y luego, la iglesia se edifica sobre esto. Efesios 2:19-20 dice:

> "Por lo tanto, ustedes ya no son extraños ni extranjeros, sino conciudadanos de los santos y miembros de la familia de Dios, edificados sobre el fundamento de los apóstoles y los profetas, siendo Cristo Jesús mismo la piedra angular".

Así que aquí Pablo nos dice que los apóstoles y los profetas son el fundamento sobre el cual se edifica la iglesia. También leemos en Efesios 4:11 lo que sigue: "Él mismo constituyó a unos, apóstoles; a otros, profetas; a otros, evangelistas; y a otros, pastores y maestros". Este versículo establece de manera clara que existe el oficio de profeta.

No todo el que profetiza es profeta. Muchos pueden profetizar porque han recibido el don de profecía, pero eso es diferente de quien tiene el oficio de profeta. El profeta es la puerta a lo profético. Él o ella es quien trae esa atmósfera a una habitación. Eso es lo que estaba pasando en la vida de Elías y Eliseo en 1 y 2 Reyes, donde lo profético estaba activo en sus seguidores. Hablaré de las Escrituras que apuntan al oficio de profeta más adelante. El oficio de profeta es poderoso. Dios habla a través de sus profetas.

Capítulo 22

MALENTENDIDOS SOBRE EL DON DE PROFECÍA

H AY MUCHA CONFUSIÓN y peligro en la actualidad con referencia al tercer ámbito de lo profético: el don de profecía. Por ello explicaré lo que dice la Palabra de Dios en cuanto a este don en el resto de este capítulo. La comprensión adecuada siempre comienza en las Escrituras. Así que empecemos con la explicación que Pablo expone a los corintios.

Ahora bien, hay diversos dones, pero un mismo Espíritu. Hay diversas maneras de servir, pero un mismo Señor. Hay diversas funciones, pero es un mismo Dios el que hace todas las cosas en todos. A cada uno se le da una manifestación especial del Espíritu para el bien de los demás. A unos Dios les da por el Espíritu palabra de sabiduría; a otros, por el mismo Espíritu, palabra de conocimiento; a otros, fe por medio del mismo Espíritu; a otros, y por ese mismo Espíritu, dones para sanar enfermos; a otros, poderes milagrosos; a otros, profecía; a otros, el discernir espíritus; a otros, el hablar en diversas lenguas; y a otros, el interpretar lenguas. Todo esto lo hace un

mismo y único Espíritu, quien reparte a cada uno según
él lo determina.

—1 CORINTIOS 12:4-11

El Espíritu Santo siempre provee los dones a su iglesia en
perfección y orden. Cuando él se mueve, no hay confusión
alguna. El don de profecía se da para exhortar, edificar y con-
solar, lo cual explicaré más adelante con más detalle. El don de
profecía es fuego vivo. Lo profético es la llama de Pentecostés.
Es lo que activa todos los demás dones.

Ahora bien, el don debe ser juzgado. Ni a ti ni a mí se nos
permite juzgar al que profetiza. Sin embargo, se nos permite
juzgar el don. Lo repito porque es muy importante. *Dios no nos
permite juzgar al que él usa, pero debemos juzgar el don que
fluye en la iglesia.*

Parte de la confusión actual es que la gente está juzgando a
aquellos a quienes Dios usa. Pero no tenemos derecho a hacer
eso. Estamos para juzgar lo que esos individuos dicen; no debemos juzgarlos en lo personal. Una gran razón para la confusión
es que la gente malinterpreta lo que Pablo dice en 1 Corintios
14:29: "En cuanto a los profetas, que hablen dos o tres, y que
los demás examinen con cuidado lo dicho". La gente lee esto y
piensa: "Pues bien, puedo juzgar a los profetas". Pero no. Absolutamente no. El apóstol Pablo está hablando aquí del don en
operación. Ten en cuenta que la palabra *juzgar* en este pasaje
no significa condenar; ese vocablo proviene de la palabra griega *diakrino*, que significa discernir, determinar, separar a fondo, juzgar; en otros términos, evaluar. Lo que debemos hacer
es decidir si las expresiones que escuchamos se alinean con la
Palabra de Dios. Para entender el significado de lo que afirma el
apóstol Pablo, tienes que ver todo el capítulo. Pablo está hablado acerca de los dones del Espíritu Santo y su operación dentro
de la iglesia. No está hablando de juzgar el oficio del profeta.

Cuando Jesús nos instruyó en Mateo 7:1 lo siguiente: "No
juzguen a nadie, para que nadie los juzgue a ustedes", la palabra

juzgar aquí fue traducida a partir del vocablo griego *krino*, que significa juzgar judicialmente, condenar, decretar o sentenciar. No debemos condenar ni maldecir a nadie nunca. Pablo no nos estaba diciendo que condenáramos al profeta; lo que nos estaba diciendo es que evaluáramos la palabra profética.

Si observas toda la Palabra de Dios, tanto el Antiguo como el Nuevo Testamento, encontrarás que Dios juzgará al profeta. "No reprendas con dureza al anciano" (1 Timoteo 5:1) y "No admitas ninguna acusación contra un anciano" (1 Timoteo 5:19) son las instrucciones que leemos en las Escrituras. No tienes ninguna libertad para reprender a un hombre ni a una mujer de Dios. De acuerdo a la Biblia, ese derecho no te pertenece. Dios te juzgará por eso, ya que estarías atacando el oficio que el Señor les asignó a sus siervos.

Por tanto, cuando Pablo indica que "los demás juzguen" (1 Corintios 14:29), a lo que se refiere es a que tienes el derecho de juzgar las palabras que pronuncia el emisor y decir: "¿Se alinea esto con la Escritura?". La Escritura siempre es nuestra guía garantizada.

EL OFICIO DE PROFETA

Ahora, concentrémonos en el aspecto santo de lo profético en el que operamos como iglesia. Lee Jeremías 1:1-8. Por razones de espacio, solo citaré los versículos 9 y 10:

> Luego extendió el Señor la mano y, tocándome la boca, me dijo: "He puesto en tu boca mis palabras. Mira, hoy te doy autoridad sobre naciones y reinos, para arrancar y derribar, para destruir y demoler, para construir y plantar".

De modo que, sin lo profético, eso no hubiera sucedido. Tienes que hablarlo antes de que Dios lo lleve a cabo. Dios le dijo a Jeremías: "He puesto en tu boca mis palabras. Mira, hoy te doy autoridad sobre naciones y reinos". Eso es mucho poder, de lo cual hoy vemos la evidencia. ¿Dónde está Babilonia? ¿Dónde está Asiria? ¿Dónde está Edom y dónde está Moab? ¿Dónde están los filisteos? Se fueron. Están destruidos. ¿Quién los destruyó? Dios. ¿Cómo? Cuando Jeremías lo habló. Dios no lo hubiera hecho si el profeta no lo hubiera dicho.

Cuando dijo "construir y plantar", ¿de qué estaba hablando? De Israel. Los asirios se fueron. Los antiguos griegos se fueron. Los faraones de Egipto se fueron. Sin embargo, hay pruebas masivas de que las élites de Israel todavía están aquí. Esa tierra es una realidad llamada Israel. Los judíos son una realidad porque Dios dijo: "No acabaré con ellos".

Insisto, ¿cómo sucedió todo eso? Jeremías lo habló y Dios lo realizó. Lo profético es vital puesto que cuando lo hablas, Dios lo hace.

Sin embargo, lo profético no siempre tiene que ver con palabras. Te animo a leer el Libro de Ezequiel para que estudies todas las cosas que Dios le hizo hacer al profeta. La obediencia de ese hombre provocó el juicio de Dios. Lo que demuestra que lo profético no siempre es a través de palabras. A veces se expresa mediante una acción, representando un papel y haciendo las cosas como un acto profético. Pero eso es cierto solo cuando estas cosas son hechas por los profetas.

Este tipo de profecía desata la unción de Isaías 10:27. Esa es la que destruye y construye naciones. Recuerda lo que dije al principio de este libro. Hay tres reinos de la unción: 1 Juan 2:27 trata acerca de la unción permanente que obra en tu corazón. Hechos 1:8 muestra la unción de poder para tu ministerio u oficio. E Isaías 10:27 revela la unción de dominio que destruye y edifica naciones. La unción de dominio transforma las naciones.

Esa unción de dominio es la que fue contra los asirios. Cuando Isaías 10:27 habla de la ruptura del yugo, se refiere al yugo de los asirios, no al que pende sobre el cuello de alguien. Por tanto, si alguna vez has citado Isaías 10:27 para declarar que Dios está rompiendo el yugo del cuello de alguien, te animo a que vuelvas a leer Isaías 10. Dios hablaba de los asirios que fueron contra Israel y de la unción que rompió ese yugo en particular.

Esa unción de dominio es la misma que obró en la vida de Moisés cuando entró en Egipto, destruyendo la tierra. Esa misma unción operó en la vida de Josué cuando entró en la tierra prometida. Tan poderosa fue la unción sobre él que le ordenó al sol que se detuviera. ¿Qué unción es esa? Es la que afecta el destino de las naciones.

Es lo mismo con la profecía o la actuación de Jeremías. La unción de dominio comienza a operar a través de Jeremías, la que al fin destruye a los asirios y a los babilonios.

El imperio romano se vino abajo por una sola razón: porque el apóstol Pablo fue a Roma y su predicación destruyó todo el imperio. Eso fue lo que pasó. Tuvo que ir a Roma para derribar todo un imperio y levantar la iglesia. Escribiré más sobre la unción de dominio en capítulos posteriores.

Así que Dios nos está revelando misterios de la unción y misterios de lo profético. "El que tenga oídos, que oiga lo que el Espíritu dice a las iglesias" (Apocalipsis 2:29).

Capítulo 23

EL PROFETA Y EL PLAN REDENTOR DE DIOS

Necesitamos a los profetas. Hay algunos que profetizan. Hay otros que son profetas. Existe una clara diferencia entre una persona que opera con el don de profecía y otra que funciona con el oficio de profeta. El profeta es el segundo oficio mencionado entre los cinco dones de la ascensión que Jesús le dio a la iglesia para que maduráramos en cuanto a los fines de la obra del ministerio. El profeta es de suma importancia.

> Él mismo constituyó a unos, apóstoles; a otros, profetas; a otros, evangelistas; y a otros, pastores y maestros, a fin de capacitar al pueblo de Dios para la obra de servicio, para edificar el cuerpo de Cristo.
>
> —Efesios 4:11-12

Cuando algunos profetas de la Biblia —como Isaías, Jeremías o Ezequiel— profetizaron, siempre se mantuvieron cumpliendo su función dentro del marco del plan redentor de Dios. No importa cuál fuese el tema, ya sea que hablaran sobre el pecado de los israelitas o la redención, la palabra profética que pronunciaban se refería al plan de redención de Dios. Después de que los profetas decretaron que el juicio vendría sobre los israelitas como resultado de su pecado, incluso cuando ellos hablaron de Babilonia u otras naciones que Dios usó para juzgar a su pueblo Israel, cada palabra que pronunciaron ellos todavía se enmarcaba dentro del plan redentor de Dios para Israel.

Hay Escrituras que declaran que Dios levantó naciones como los asirios, los babilonios, los medos y los persas. Estos fueron levantados para cumplir el propósito de Dios: llevar a efecto el plan redentor de Dios para Israel. Por ejemplo, Dios usó a los asirios como su vara de juicio para castigar a Israel a causa de su idolatría. También usó a los asirios para preservar a Israel y, finalmente, para restaurarlos.

Dios hizo lo mismo con los babilonios. Levantó al rey Nabucodonosor para juzgar a Judá con el fin de purificar a ese pueblo. Más tarde usó a los medos y los persas para restaurar al pueblo de Israel a su propia tierra. Todo ello era parte del plan redentor de Dios.

Además, Dios levantó a Ciro para su propósito en cuanto a su plan redentor. En Isaías 45, Ciro fue mencionado en esa palabra profética, cientos de años antes de que él estuviera en el trono. Dios profetizó a través de Isaías que Ciro sería el que iba a restaurar a Israel a su patria y el que los ayudaría a reconstruir el templo. El hilo común que vemos aquí es el plan redentor de Dios para su pueblo. *Lo profético siempre se mantiene dentro de los límites del plan redentor de Dios.*

Los cuatro reinos de lo profético no pueden desmarcarse de la redención. Véase como se vea, la Biblia es la historia de la redención. Lee la historia de Abraham en camino a Egipto, en Génesis 12:10-20. Dios hizo que Abraham dejara su hogar y se dirigiera a la tierra prometida; luego hizo que fuera a Egipto. Has escuchado la historia antes, cómo Abraham le dijo a Faraón que Sara era su hermana puesto que temía que Faraón quisiera matarlo para apoderarse de Sara. Abraham realmente dijo la verdad. Sara era su media hermana y su esposa; tenían el mismo padre. Dios usó a Faraón para bendecir a Abraham con oro y plata, para establecerlo en la Tierra Santa. Eso apunta al plan de redención de Dios.

Encontramos otro ejemplo de ese plan en la vida de Isaac. En Génesis 26:1-16 vemos la historia de Isaac y Abimelec, rey de los filisteos. Abimelec hizo un pacto con Isaac para protegerlo. Una vez más, Dios usó a un rey impío para que su plan redentor pudiera establecerse a través de él.

En la vida de José, encontramos un tercer ejemplo de cómo se puso en marcha el plan redentor de Dios. Desde el capítulo 37 hasta el 50, del Libro de Génesis, se expone la historia completa. La conclusión es la que sigue: Dios usó a Faraón para bendecir a José y salvar a su pueblo otra vez. Cada rey gentil individual que vemos en estos ejemplos fue levantado por Dios para que pudiera, de una forma u otra, cumplir el plan redentor de él para Israel.

Dios permitió que los filisteos y su poderoso campeón Goliat existieran para que pudiera haber un David, el mismo que todos conocemos y amamos. Dios usó a los filisteos para promover a David de pastor a guerrero y luego a rey. Dios usó al ejército enemigo y a su campeón para cumplir su plan redentor. Lee la Biblia pensando en la redención y verás que —una y otra vez— Dios usó hombres que eran impíos para ponerlos en una posición en la que cumplieran con su plan.

En cada ejemplo, vemos que la palabra profética se enmarcaba en los límites del plan redentor. *Cuando lo profético se sale de la redención, se sale de la Palabra de Dios.*

Capítulo 24

ENTIENDE LA UNCIÓN
DE DOMINIO

VEO EL MUNDO como un gigantesco rompecabezas. En los últimos tiempos he visto cómo se están uniendo las piezas, lo cual no es muy reconfortante. Comprender la unción de dominio de la que se habla en Isaías 10:27 nos ayudará a entender los tiempos y las sazones que estamos atravesando, así como el lugar estratégico que cada uno de nosotros ocupa a medida que se desarrollan los días que se están desplegando.

Como dije en el capítulo 2, muy pocas personas tienen la unción de Isaías 10:27. Esa unción descansó sobre Moisés, Josué, Isaías, Jeremías, Ezequiel, Elías, Eliseo y algunos otros en el antiguo pacto. Se basaba en individuos que Dios usó como portavoces a través de la profecía para levantar un reino o para destruirlo.

A fin de comprender mejor qué es esta rara y preciosa unción, echemos un vistazo más de cerca a la escritura que la anuncia.

> Acontecerá en aquel tiempo que su carga será quitada de tu hombro, y su yugo de tu cerviz, y el yugo se pudrirá a causa de la unción.
>
> —ISAÍAS 10:27 RVR1960

Hay algunos conceptos erróneos en cuanto a este versículo y qué clase de yugo es el que se indica aquí. Pero centrémonos en la última palabra del versículo: unción. La palabra traducida aquí como "unción" es el vocablo hebreo *shemen*, que describe un tipo particular de aceite de oliva, el que es perfumado con esencias. Esto implica un nivel de riqueza y singularidad. Esta palabra hebrea traducida como "unción" se usa en las Escrituras solamente aquí; en otros lugares del Antiguo Testamento, la palabra *mischah* se usa más comúnmente para referirse a la unción necesaria para un oficio. Este término, en particular, tiende a inferir que esa unción especial es tan rara como el costoso aceite perfumado que describe el cuadro.

La unción de dominio tiene un potencial transformador a escala global. En ella yace el poder de destruir naciones y de construirlas, de desarraigar formas de gobierno y poner otra en su lugar. Los acontecimientos de esta escala no son comunes y el poder para iniciar cambios tan épicos es tremendo, hasta impresionante. No es un poder que se use de manera liviana; por lo tanto, no se da a la ligera. Así como la unción de poder para el ministerio no se le da a todo cristiano —sino solo a aquellos que han demostrado ser fieles y dignos de confianza a través del tiempo que pasan en la presencia del Señor—, igual sucede con este don.

La unción permanente se otorga a todos los creyentes en el momento de la salvación. La unción fortalecedora se da a aquellos a quienes Dios piensa que se la puede confiar. Se otorga a aquellos que han pagado el precio de esa unción para ministrar. La unción de dominio, sin embargo, llega solo a unos pocos elegidos. Solo un puñado de profetas ha alcanzado ese nivel. Y hay una buena razón para ello: un gran poder implica una gran responsabilidad. Solo aquellos que se han mostrado responsables a ese nivel —como Moisés, Isaías o Ezequiel— llevarán ese pesado manto de unción.

Creo que estamos entrando en lo que llamo el reino de la unción de Elías. Este reino es una esfera que aún no hemos visto desarrollarse por completo en la tierra. Hemos visto destellos y períodos de ese reino que han surgido y han desaparecido. Llegaron y no permanecieron mucho tiempo. Sin embargo, estamos por llegar muy pronto a los días de Elías, un tiempo en el que ese tremendo poder de Dios se desplegará más que nunca. En esa temporada las naciones serán estremecidas a tal escala que solo podrá considerarse como un reposicionamiento global de los gobiernos. Solo una unción pura en tu vida puede mantenerte en el transcurso de ese periodo.

Las Escrituras te ayudan a armar el rompecabezas puesto que conectan lo que está sucediendo hoy en el mundo con lo que el Señor ha predicho en su Palabra. Lo primero que me gusta ver es lo que está sucediendo en Israel, no solo porque es mi tierra natal, sino porque es la voz de la profecía. La voz de la profecía no es Estados Unidos de América, ni Rusia ni China, es Israel. No solo hay que mirar a Israel, también hay que observar lo que está pasando en Europa y sobre todo en el Reino Unido. Estados Unidos no es importante en lo que respecta a la profecía bíblica; el papel que juega este país es relativamente menor. Tiene un rol que desempeñar, pero no es uno muy importante. En lo que se refiere al plan de Dios para el mundo, en este momento Estados Unidos de América está siendo apartada proféticamente. Estados Unidos todavía jugará su papel por una temporada muy breve, por lo que escribiré sobre esta nación y la profecía bíblica en un próximo libro.

Tienes que verlo todo como un rompecabezas gigante cuyo centro es la Biblia. Cuando empiezas a considerar todo a través de la perspectiva de la Palabra de Dios, comienzas a hacer las conexiones correctas y llegas a un punto en que puedes unir con precisión las piezas del rompecabezas. Empieza por escudriñar las Escrituras para que aprendas primero acerca de Israel, sobre su posición en el mundo y sus acontecimientos, a través del primer ámbito de lo profético, la Palabra escrita de Dios. Después de que tengas ese entendimiento, entonces puedes aprender acerca de otras naciones y cómo encajan en el marco de lo profético, de acuerdo a las Escrituras. La imagen aún no está completa. Se revelará más y más a medida que las cosas progresen y se desarrollen puesto que la profecía se revela mientras está en proceso. Es crucial que entiendas tu lugar en el plan de desarrollo de Dios.

> Ahora bien, hermanos, ustedes no necesitan que se les escriba acerca de tiempos y fechas, porque ya saben que el día del Señor llegará como ladrón en la noche. Cuando estén diciendo: "Paz y seguridad", vendrá de improviso sobre ellos la destrucción, como le llegan a la mujer encinta los dolores de parto. De ninguna manera podrán escapar. Ustedes, en cambio, hermanos, no están en la oscuridad para que ese día los sorprenda como un ladrón. Todos ustedes son hijos de la luz y del día. No somos de la noche ni de la oscuridad. No debemos, pues, dormirnos como los demás, sino mantenernos alerta y en nuestro sano juicio. Los que duermen, de noche duermen, y los que se emborrachan, de noche se emborrachan. Nosotros que somos del día, por el contrario, estemos siempre en nuestro sano juicio, protegidos por la coraza de la fe y del amor, y por el casco de la esperanza de salvación; pues Dios no nos destinó a sufrir el castigo, sino a recibir la salvación por medio de nuestro Señor Jesucristo.
>
> — 1 TESALONICENSES 5:1-9

Ahora bien, esto nos dice que Dios nos ha dado luz para conocer los tiempos. Si caminas en su luz, eso iluminará tu entendimiento para que veas y comprendas de manera clara lo que las Escrituras revelan proféticamente.

Otro pasaje de las Escrituras que me gustaría que leyeras se encuentra en 2 Tesalonicenses. Después de leerlo, te mostraré en que forma encaja esta Escritura con 1 Tesalonicenses 5.

Ahora bien, hermanos, en cuanto a la venida de nuestro Señor Jesucristo y a nuestra reunión con él, les pedimos que no pierdan la cabeza ni se alarmen por ciertas profecías, ni por mensajes orales o escritos supuestamente nuestros, que digan: "¡Ya llegó el día del Señor!" No se dejen engañar de ninguna manera, porque primero tiene que llegar la rebelión contra Dios y manifestarse el hombre de maldad, el destructor por naturaleza. Este se opone y se levanta contra todo lo que lleva el nombre de Dios o es objeto de adoración, hasta el punto de adueñarse del templo de Dios y pretender ser Dios. ¿No recuerdan que ya les hablaba de esto cuando estaba con ustedes? Bien saben que hay algo que detiene a este hombre, a fin de que él se manifieste a su debido tiempo. Es cierto que el misterio de la maldad ya está ejerciendo su poder; pero falta que sea quitado de en medio el que ahora lo detiene. Entonces se manifestará aquel malvado, a quien el Señor Jesús derrocará con el soplo de su boca y destruirá con el esplendor de su venida. El malvado vendrá, por obra de Satanás, con toda clase de milagros, señales y prodigios falsos. Con toda perversidad engañará a los que se pierden por haberse negado a amar la verdad y así ser salvos. Por eso Dios permite que, por el poder del engaño, crean en la mentira. Así serán condenados todos los que no creyeron en la verdad, sino que se deleitaron en el mal.

—2 Tesalonicenses 2:1-12

Pablo declara que deben suceder dos cosas antes de que el Señor regrese: (1) la apostasía y (2) la revelación del hombre de pecado. El apóstol Pablo le dijo a la gente de Tesalónica, hace casi dos mil años, que estuvieran preparados. Ellos esperaban ver algo, pero todos murieron y no vieron que sucediera lo que esperaban. Sin embargo, en lo personal, creo que esta generación lo hará.

Capítulo 25

LA UNCIÓN DE DOMINIO REVELADA

A LO LARGO DE la preciosa Palabra de Dios tenemos ejemplos de la unción de dominio que conquista reinos y establece naciones. A esos personajes bíblicos que protagonizaron diversos cambios en el mundo les seguirán líderes extraordinarios de la historia de la iglesia, hasta este siglo. La unción de dominio se expone con ejemplos vívidos a lo largo de este emocionante capítulo. Todos ellos han sido seleccionados por el impacto que hicieron en su mundo a causa de la unción de dominio.

EJEMPLOS BÍBLICOS DE LA UNCIÓN DE DOMINIO

Por supuesto, el Señor Jesús operó con esta unción, pero en él moran y encuentran su plenitud todas las unciones de Dios, puesto que él es Cristo, el Ungido. Él estuvo presente en la vida de cada uno de los vasos ungidos que veremos a continuación. Comenzaremos con uno de los primeros ejemplos de la unción de dominio.

Moisés

La unción de dominio que tuvo Moisés liberó a los hijos de Israel y aplastó a los ejércitos de Egipto. El primer profeta del Antiguo Testamento estuvo al mando del poder de Dios mientras ejecutaba las diez plagas, lo que culminó en la destrucción de los primogénitos de Egipto y condujo a la liberación de los hebreos de la esclavitud. La nación de Israel nació mientras que la de Egipto fue diezmada. Uno fue derribado y el otro edificado a través de la revelación de la unción de dominio.

Josué

Josué, el sucesor profético de Moisés, fue audazmente devoto; su fuerza y su valor lo elevaron a una posición de liderazgo ordenada por Dios. Josué dirigió a la joven nación de Israel a la conquista de la tierra prometida. En Josué 1:5, Dios le dice a Josué: "Durante todos los días de tu vida, nadie será capaz de enfrentarse a ti. Así como estuve con Moisés, también estaré contigo; no te dejaré ni te abandonaré". Josué comandó un ejército de antiguos esclavos y sus descendientes en una extensa campaña destruyendo reinos y gobiernos con el fin de establecer territorios para cada una de las doce tribus. Pudo hacer eso a través del poder de la unción de dominio que obraba a través de él.

Débora

Débora era una fuerza a tener en cuenta. Ella era una mujer *feroz*. Cuando Josué completó su mandato, Débora, que era profetisa, dirigió al pueblo de Dios como uno de los primeros jueces de Israel. (Ver Jueces 4—5). Ella le dio una palabra profética a Barac, hijo de Abinoam, para que subiera contra el ejército de Jabín. Este hombre valiente se negó a ir a menos que Débora fuera con él. Barac, en efecto, venció al ejército de Jabín, pero el capitán de Jabín, Sísara, fue asesinado por una mujer, Jael, la cual fue honrada en el cántico de victoria de Débora. (Ver Jueces 5). Una vez más, la unción de dominio estaba en plena vigencia, derribando el reino de Jabín a favor de Israel.

Gedeón

El reacio guerrero, profeta precavido y, a su propio juicio, el miembro menos importante de la tribu más pequeña de Judá, Gedeón fue elegido por Dios. Gedeón probó el llamado que Dios le hizo y aceptó la unción de dominio para la que fue diseñado y destinado a ejecutar. El capítulo 7 de Jueces relata la historia de la victoria de Gedeón sobre el enorme ejército madianita con solo un grupo reducido de trescientos hombres de los treinta y dos mil soldados voluntarios que inicialmente comandaba. El poder de Dios fluyó a través de Gedeón para derribar, construir y tomar dominio.

Sansón

Sansón fue el propio hombre de valor de Israel. Sansón mostró una fuerza física sobrenatural y caminó en pacto con Dios. Sansón, nazareo, fue dedicado a Dios desde el vientre. Su estéril madre recibió la visita del Ángel del Señor, que le dijo que daría a luz un hijo. La instruyó para que la cabeza del niño nunca fuera tocada por navaja alguna y, además, predijo que Sansón tomaría la iniciativa para liberar a Israel de las manos de los filisteos (Jueces 13:1-5). Sansón dirigió a Israel por veinte años en los tiempos de los filisteos. La unción de dominio fue fuerte en la vida de Sansón. Una vez, el Espíritu del Señor vino sobre él y mató a dos mil filisteos con la quijada de un asno. Incluso después que cayó en pecado con Dalila, y le cortó el cabello, Dios no había terminado de usar a Sansón de una manera poderosa. El poder de Sansón fue desactivado y fue llevado cautivo. Pero una vez cegado y encadenado, derribó las columnas del templo de Dagón y mató a miles de filisteos que se habían reunido allí. Dios restauró las fuerzas de Sansón y mató a más filisteos en ese momento de los que destruyó en toda su vida. (Ver Jueces 16).

David

David, el popular héroe de la escuela dominical, fue mucho más que el chico campeón que derrotó a Goliat, el gigante filisteo. David tenía una relación personal, amorosa y desesperadamente dependiente con su Creador, su defensor y su amigo. Dios se comunicaba con David. David conocía a su Señor y Rey.

El chico fue ungido rey de Israel por el profeta Samuel cuando era un pastorcillo de ovejas. Ni siquiera el padre de David, Isaí, vio el potencial en su propio hijo. No sabía que David no era ni siquiera un posible candidato a ser rey. Y Samuel tampoco lo sabía hasta que Dios abrió los ojos del profeta. David es nuestro ejemplo de que cuando la gente ve a un pastorcillo, Dios ve a un rey. David fue un profeta y caminó en la poderosa unción de dominio mientras luchaba contra los enemigos de Israel. David y su reino disfrutaron de un descanso de los enemigos de Israel al final del reinado de este poderoso rey.

Elías

Elías hizo descender fuego del cielo. El poderoso profeta tisbita entra por primera vez en la Escritura en 1 Reyes 17:1, en la ocasión en que proclamó una palabra profética contra Acab y la nación de Israel. Elías dijo: "No habrá lluvia ni rocío en estos años, sino por mi palabra". La sequía de tres años culminó en el famoso enfrentamiento en el Monte Carmelo, cuando Elías destruyó a los profetas de Baal. La gran autoridad de la unción de dominio marcó la vida y el ministerio de Elías a través del primer capítulo de 2 Reyes y, en 2 Reyes 2:11, su manto pasó a su sucesor, Eliseo.

Eliseo

Eliseo no se apartaba nunca de Elías, consciente de que el manto de su mentor lo estaba esperando. Así que, de repente, apareció un carro de fuego y unos caballos de fuego y los separó a los dos, cuando Elías subió al cielo en un torbellino. El manto de Elías se le cayó cuando fue arrebatado y la unción de dominio del profeta Elías ahora descansaba sobre Eliseo, mientras este recogía el manto de su maestro. Eliseo caminó en la unción de dominio todo el resto de su vida. Cuando el cadáver de un hombre muerto fue arrojado sobre los huesos de Eliseo, los restos del hombre resucitaron y se puso de pie puesto que todavía había suficiente poder en los huesos del profeta muerto.

Pedro

El apóstol Pedro, discípulo de Jesucristo, comenzó a operar en la poderosa unción de dominio el día de Pentecostés, cuando se derramó el Espíritu Santo. El sermón de Pedro, que comienza en Hechos 2:14, culmina con la salvación de tres mil almas, como leemos en el versículo 41. Pedro caminaba con tal autoridad que ponían a los enfermos en camillas a través de los caminos de la ciudad, esperando que la sombra del apóstol los tocara. Jesús profetizó que su iglesia sería edificada sobre la revelación divina acerca de Jesucristo que tuvo Pedro. Este apóstol fue un líder importante de la iglesia primitiva y trastocó al mundo con el evangelio de Jesucristo.

Pablo

Nacido en Tarso, Saulo era un israelita de la tribu de Benjamín y ciudadano romano. Fue entrenado como fariseo, por lo que perseguía a los cristianos. Saulo estuvo presente en el apedreamiento de Esteban. Pero luego quedó ciego temporalmente y se convirtió en forma dramática cuando tuvo un encuentro con Jesús resucitado en el camino a Damasco. A lo largo del Libro de los Hechos, la unción de dominio catapultó al recién nombrado Pablo a un puesto muy significativo en la historia del mundo. Los viajes misioneros del apóstol Pablo cambiaron el curso de las naciones. Las cartas de Pablo, inspiradas por el Espíritu Santo a los primeros creyentes y líderes de la iglesia, comprenden una parte importante del Nuevo Testamento y todavía guían la vida de los cristianos en todo el mundo.

Ejemplos que cambiaron el mundo
en la iglesia posterior

En cada generación a partir de los cristianos del primer siglo, ha habido personas designadas por Dios para llevar la rara y preciosa unción de dominio. He elegido algunos ejemplos que son particularmente dignos de mención; de ninguna manera es una lista completa. Algunos nombres pueden resultarte familiares, aunque otros no. Pero ya sea que conozcas o no estos nombres, el impacto que hicieron es innegable.

Jan Hus

La unción de dominio fluyó a través del reformador Jan Hus en el siglo catorce, cambiando la faz de Europa occidental y dejando un camino para otros en el período de la Reforma. Su presencia en la tierra cambió la dirección de la iglesia en todo el mundo.

Hus criticó las prácticas impías en la Iglesia Católica, como la venta por dinero de penitencia, posiciones y objetos sagrados. Por su postura franca, Hus fue excomulgado y vivió en el exilio durante dos años. Mientras estuvo en el exilio compiló sus puntos de vista sobre la iglesia en un libro titulado *De Ecclesia*. Luego fue llamado ante el Concilio de Constanza en Alemania, arrestado y encarcelado, pero se negó a cambiar de posición y dijo: "¡No me alejaría de la verdad ni por una capilla de oro!".

Hus fue ejecutado por herejía en 1415. Antes de su muerte, profetizó: "Ahora vas a quemar un ganso, pero en un siglo tendrás un cisne que no podrás asar ni hervir".[1] Esa profecía inspiró a Martín Lutero a adoptar al cisne como su símbolo, que todavía es utilizado por muchas iglesias luteranas.

Martín Lutero

Unos cien años después, el cisne apareció cuando Martín Lutero clavó sus noventa y cinco tesis en la puerta de la iglesia del Castillo de Wittenberg, Alemania.

Martín Lutero fue una figura importante en la Reforma protestante puesto que operó bajo la unción de dominio. Mientras estudiaba en un monasterio católico, Lutero se convenció de un principio que encontró en las Escrituras: "El justo por la fe vivirá" (Habacuc 2:4; Romanos 1:17; Gálatas 3:11; Hebreos 10:38).

Al igual que Hus, Lutero criticó a la Iglesia Católica por sus prácticas impías y, en un acto histórico, clavó una lista de sus desacuerdos (las noventa y cinco tesis) en la puerta de la Iglesia de Wittenberg, en 1517. Las copias en latín se difundieron por toda Europa, encendiendo el movimiento protestante mientras la poderosa unción de dominio continuaba fluyendo. Excomulgado de la Iglesia Católica, Lutero organizó una iglesia incipiente basada en las Escrituras, enseñando y escribiendo muchos himnos, incluidos "Castillo fuerte es nuestro Dios" y "Lejos en un pesebre".

Movido por el Espíritu Santo, Lutero creía que todos debían tener acceso a las Escrituras, por lo que tradujo la Biblia al idioma alemán común, la cual fue impresa en 1536. Murió en 1546 y fue enterrado en la Iglesia de Todos los Santos en Wittenberg, donde había dejado sus noventa y cinco tesis casi treinta años antes.

William Tyndale

"Que se haga la luz". Estas poderosas palabras casi al comienzo de la Santa Biblia fueron escritas por William Tyndale, cuya traducción de la Biblia también nos trajo términos como Pascua, expiación y "no juzguéis para que no seáis juzgados". Nacido en Inglaterra alrededor de 1494, educado en Oxford y dotado en teología e idiomas, Tyndale fue contemporáneo de Martín Lutero, y como él, también operó en la unción de dominio y dio acceso a las Escrituras al hombre común, cambiando la faz de Europa y el mundo.

En ese momento era ilegal, incluso, poseer una copia de cualquier Escritura que no fuera autorizada por la Iglesia Católica. Con fluidez en hebreo, griego y latín, Tyndale comenzó su propia traducción de la Biblia alrededor de 1525 y la completó mientras se escondía en Europa durante los siguientes diez años. Traicionado por un amigo, en 1535, Tyndale fue arrestado acusado por herejía y extraditado a Inglaterra, donde fue condenado y ejecutado en 1536.

La unción de dominio continúa fluyendo a través del trabajo de Tyndale; muchas traducciones de la Biblia no existirían sin la traducción de las Escrituras que él hizo. Los estudiosos estiman que más de las tres cuartas partes de la Biblia del Rey Jacobo (en inglés), publicada por primera vez en 1611, se puede atribuir directamente al trabajo de Tyndale.

John Wesley

El mundo moderno fue transformado por la unción de dominio que estaba funcionando plenamente en Juan Wesley. Él se llamó a sí mismo "un tizón rescatado del fuego" (Zacarías 3:2). En 1709, quedó atrapado en su casa envuelta en llamas hasta que un hombre que se puso encima de los hombros de otro hombre sacó a Wesley, de cinco años, por una ventana. Este teólogo y evangelista, junto con su hermano menor Charles, encabezó un movimiento de avivamiento en la Iglesia de Inglaterra, que se conoció como metodismo.

Después que una profunda experiencia espiritual dejó su "corazón extrañamente tibio",[2] Wesley viajó por el país a caballo para predicar la salvación por la fe a través de la gracia de Dios como "libre en todos y libre para todos".[3] En 1739, él y su hermano organizaron la Sociedad Metodista en Inglaterra. En vez de grandes catedrales, los creyentes se reunían en pequeñas capillas y se les animaba a cuidar activamente de los pobres.

Wesley predicaba que todas las personas podían recibir la salvación, además era un firme oponente de la esclavitud. Sus enseñanzas abolicionistas influenciaron a muchos en ambos lados del Atlántico mientras fluía en la unción de dominio. Murió en 1791 a los ochenta y siete años; sus últimas palabras fueron: "Lo mejor de todo es que Dios está con nosotros".[4]

D. L. Moody

En sus propias palabras, Dwight Lyman Moody dijo que había "muy pocos capaces" de convertirse en cristianos, mucho menos en evangelistas, maestros y hombres ungidos de Dios. Nacido en 1837, en Massachusetts, y habiendo pasado una difícil vida en la pobreza, Moody se hizo cristiano en 1855, cuando su maestro de escuela dominical le habló acerca de cuánto lo amaba Dios, llevándolo primero a la salvación y luego al ministerio. Moviéndose en la unción de dominio, Moody mostró una incansable devoción a sus feligreses, lo que condujo a un asombroso crecimiento de la iglesia. El presidente Abraham Lincoln habló una vez en su escuela dominical. Durante la Guerra Civil, Moody visitaba el frente de batalla con frecuencia, brindando consuelo y aliento a las tropas cansadas. En 1864, Moody fundó la congregación Illinois Street Church, en Chicago; el Gran Incendio de Chicago de 1871 destruyó la iglesia y la casa de Moody, dejándole nada más que su Biblia y su reputación. Los siguientes años fueron un torbellino de expediciones de predicación a medida que la unción de dominio lo conducía a través de Estados Unidos de América, al Reino Unido e incluso a Suecia, donde miles de personas a menudo asistían a una sola reunión. El presidente Ulysses Grant y miembros de su gabinete asistieron a uno de los servicios de Moody y se reunieron con él en privado.

Moody regresó a Massachusetts y dirigió una serie de conferencias para ministros animando a los creyentes a servir en las misiones. Moody predicó su último sermón en Kansas City, Missouri, en 1899 y murió solo un mes después. El Instituto Bíblico Moody, iniciado en 1886, es una universidad totalmente acreditada que atiende a miles de estudiantes cada año en sus tres recintos en Illinois, Michigan y Washington. Sus emprendimientos también incluyen a Moody Radio, una red de setenta y una estaciones evangélicas, así como plataformas digitales, que continúan difundiendo el evangelio. Moody Publishers, otro brazo de MBI, sigue siendo una editorial vibrante, que representa a varios autores de renombre y ofrece materiales para apoyar a los ministerios de todo el mundo.

Alberto Benjamín "A. B." Simpson

El fuego engendra fuego. ¡A. B. Simpson andaba en llamas! Transformó la manera en que los ministerios alcanzan a los perdidos. Su enfoque se centraba en el hombre común y apuntaba a las misiones en todo el mundo. La unción de dominio sobre su vida cambió al mundo.

Criado en un hogar estricto con ideales puritanos, en 1859 el joven adolescente canadiense comenzó un nuevo camino de fe, influenciado por el evangelista irlandés Henry Guinness, quien entrenó y envió a cientos de "misioneros de la fe" alrededor del mundo. Más tarde, mientras pastoreaba en Louisville, Kentucky, Simpson se sintió guiado a construir un tabernáculo sencillo para alcanzar al "hombre común".

Cuando Simpson se mudó a la bulliciosa ciudad de Nueva York, la enorme cantidad de inmigrantes y las condiciones en las que vivían conmovieron su corazón compasivo y ganador de almas. Bajo la dirección de la unción de dominio, comenzó la Alianza Cristiana y Misionera, un programa de capacitación para equipar a los ministros con el fin de servir en misiones a otros países y culturas. Su enseñanza enfatizaba cuatro aspectos de Cristo: "Jesús nuestro Salvador, Santificador, Sanador y Rey que viene".[5]

Simpson también compuso más de cien himnos, como por ejemplo "Un grito misionero", que alienta a llevar "el evangelio del reino" a todas las tierras.[6] Murió en 1919 en Nueva York, pero el alcance mundial que tuvo influyó en muchos ministerios posteriores. Su legado continúa hasta hoy.

William Franklin "Billy" Graham

Tal como soy, sin más decir, que a otro yo no puedo ir.

Y tú me invitas a venir, bendito Cristo heme aquí.[7]

Este himno era uno de los favoritos del evangelista estadounidense Billy Graham. A menudo se usaba como invitación en las más de cuatrocientas cruzadas que llevó a cabo en iglesias, carpas, arenas y estadios de todo el mundo, reportando más de 3.2 millones de respuestas a llamados al altar a lo largo de más de cincuenta años de ministerio.

A veces conocido como el "Pastor de Estados Unidos", Graham viajó por el mundo mientras la poderosa unción de dominio abría puertas a gobernantes y líderes. Se reunió con trece presidentes estadounidenses consecutivos, desde Harry S. Truman hasta Donald Trump. También se reunió con la reina Isabel II, Nelson Mandela y una amplia gama de líderes de todos los rincones del mundo.

Graham fue un firme defensor de los derechos civiles. Durante la década de 1950, instituyó una política de integración racial para todas las audiencias de sus cruzadas. Invitó al reverendo Martin Luther King a unirse a él en la plataforma y hablar en varias ocasiones. Graham también se negó a realizar cruzadas en Sudáfrica bajo el apartheid hasta que se permitieran audiencias integradas.

Graham usó la radio y la televisión para acceder a audiencias más grandes que escucharan sus mensajes. Al incorporar medios de comunicación en su ministerio, pudo llegar a una vasta audiencia mundial. Graham instituyó un famoso código de ética para su vida y su trabajo con el fin de resguardarse contra las acusaciones de abuso financiero, sexual y de poder. Se sabía que el vicepresidente Mike Pence era un seguidor de la "regla de Billy Graham"[8] y usaba sus principios para proteger su propia reputación.

El reverendo Graham escribió treinta y tres libros, muchos de los cuales fueron éxitos de ventas, incluida su autobiografía, *Tal como soy*. Murió por causas naturales en su casa de Carolina del Norte en 2018; tenía noventa y nueve años de edad. Hasta el día de hoy, la Asociación Evangelística Billy Graham continúa siendo uno de los ministerios evangelísticos más grandes del mundo. El hijo de Billy, Franklin Graham, dirige la organización sin fines de lucro Samaritan's Purse, que brinda asistencia en casos de desastre y ayuda humanitaria en todo el mundo. Unas doscientas mil personas visitan la Biblioteca Billy Graham cada año. Hoy, sus mensajes continúan en línea llegando a la gente, a través de la radio y en forma impresa. Desde el balcón del cielo, Billy Graham sigue ganando a los perdidos.

Oral Roberts

"Entra en el mundo de todos los hombres". Esta es la instrucción que Dios le dio a Oral Roberts, lanzándolo a un ministerio global que cambiaría al mundo a través del poder de la unción de dominio.

Granville Oral Roberts nació en Oklahoma en 1918; se convirtió en uno de los predicadores más conocidos de los Estados Unidos. A los diecisiete años estaba muriendo de tuberculosis cuando su hermano mayor lo llevó a una reunión en una carpa, donde se curó. Más tarde, Roberts informó que —de camino a la reunión— Dios le habló y le dijo: "Hijo, te voy a sanar y tú llevarás mi poder sanador a tu generación".[9]

El evangelismo pronto se convirtió en el enfoque del ministerio de Roberts; sus reuniones en grandes carpas generaron una atmósfera de anticipación a medida que su ministerio resplandecía por todo Estados Unidos, llegando finalmente a todo el mundo. Realizó más de trescientas cruzadas e impuso personalmente sus manos sobre más de dos millones de personas. Los milagros comenzaron a ocurrir, pero también lo hicieron los desafíos. Su actividad como "sanador de fe" generó controversia, aunque Roberts declaró con firmeza: "No soy un sanador. Solo Dios puede sanar".[10]

Roberts fue uno de los primeros defensores de los derechos civiles e insistió en la plena integración racial de sus audiencias. Para expandir su alcance, comenzó transmisiones de radio al principio de su ministerio, seguidas de transmisiones de televisión, donde se convirtió en un pionero del televangelismo.

Roberts también es autor de una serie de obras, que incluyen libros de bolsillo para que sea más fácil repasar las lecciones a lo largo del día. El lema de Oral Roberts era "Algo bueno te va a pasar",[11] y su enseñanza reveladora sobre la "semilla de fe" abrió los corazones de millones a la verdad bíblica de que "¡Dios es un Dios *bueno*!" y que quiere bendecir abundantemente a su pueblo.

Para avanzar en la misión de llevar el evangelio al "mundo de cada hombre", fundó la Universidad Oral Roberts en Tulsa, Oklahoma, y abrió sus puertas en 1963. Un equipo de colaboradores ha estado instalado en su Torre de Oración día y noche durante más de medio siglo, recibiendo peticiones de personas necesitadas y ofreciendo esas peticiones a Dios. Esa universidad, totalmente acreditada, ha equipado a miles de hombres y mujeres para llevar el evangelio al mundo de cada hombre.

Roberts permaneció activo en el ministerio hasta su jubilación en 1993 a la edad de setenta y cinco años, después de lo cual él y su "querida esposa, Evelyn"[12] se mudaron a California. Murió en 2009 a los noventa y un años, pero su legado perdura en sus libros, videos de sus enseñanzas y encuentros, y en la universidad que lleva su nombre. La Asociación Evangelística Oral Roberts continúa con su ministerio, enviando equipos, libros y enseñanza en persona y en línea todo el mundo.

Rex Humbard

El ministerio siempre comienza de rodillas. Este es el legado de fe que Alpha Rex Emmanuel Humbard aprendió como hijo de un evangelista rural en Arkansas. Fue conocido como un hombre de profunda fe, comprometido con la oración y la salvación de las almas a lo largo de su vida. La unción de dominio lo llevó a través de setenta y cinco años de ministerio activo en todo el mundo y en las ondas de radio y televisión, dejando huellas en todos los continentes.

Rex Humbard siguió el llamado de Dios a una vida de ministerio a la tierna edad de trece años. En 1952 se convirtió en pionero en el campo del televangelismo desde su iglesia, Calvary Temple (más tarde renombrada como Cathedral of Tomorrow cuando se mudó a una nueva instalación en Cuyahoga Falls, Ohio), la primera en usar este nuevo medio —en aquellos tiempos— para el evangelio. Su transmisión semanal llegaba a unas mil seiscientas estaciones y continuó al aire durante más de treinta años.[13] El popular Cuarteto de la Catedral y la familia de Humbard aparecían a menudo en el programa.

Las transmisiones de Humbard se veían en Canadá, Europa, Australia, América Latina, el Medio Oriente, el Lejano Oriente y África, con veinte millones de espectadores.[14] Como resultado, sus reuniones atrajeron grandes multitudes en estadios y arenas de todo el mundo. En 1999, el periódico *US News & World Report* nombró a Humbard como uno de los "25 principales arquitectos del siglo estadounidense".[15] Murió en Florida en 2007, pero la familia Humbard sigue comprometida con el trabajo de ganar almas mientras haya quien no conozca al Señor."[16] A medida que la unción del dominio fluye a través de sus palabras, el ministerio de Rex Humbard continúa cambiando vidas hoy. La unción de dominio sobre Rex Humbard en el creciente medio de la transmisión de televisión cristiana cambió el mundo para siempre.

No hay duda de que la unción de dominio ha estado presente a lo largo de los siglos. Aún está a la disposición del creyente elegido, por lo que hasta en la actualidad hay hombres y mujeres que llevan esta preciosa carga. Incluso la nación de Israel lleva la unción de dominio. El próximo capítulo abrirá la puerta a la liberación de la unción de dominio.

Capítulo 26

LA UNCIÓN DE DOMINIO EN LOS ÚLTIMOS TIEMPOS

C UALQUIER CREYENTE QUE preste atención a los acontecimientos que se desarrollan en estos tiempos sabe que el reloj de la historia está llegando a su hora final. Aquellos que siguen la profecía bíblica y los que tienen el dedo en el pulso del calendario de Dios saben que nos acercamos rápidamente a un momento trascendente en la historia del mundo. La unción de dominio enfoca estos últimos tiempos.

Jesús habló a sus discípulos acerca de dos acontecimientos particulares que anunciarían el acercamiento del fin de los tiempos. A estos dos sucesos los llamo "disparadores" de los últimos tiempos. Encontramos el primero en Mateo 24:32-33 y el segundo en Lucas 21:24.

> Aprendan de la higuera esta lección: Tan pronto como se ponen tiernas sus ramas y brotan sus hojas, ustedes saben que el verano está cerca. Igualmente, cuando vean todas estas cosas, sepan que el tiempo está cerca, a las puertas.
> —MATEO 24:32-33

La higuera que Jesús mencionó es un símbolo de la nación de Israel. Cuando Jesús dice que las ramas de la higuera están tierna y sus hojas brotan, nos indica con eso que esos sucesos ocurren cuando la nación de Israel está en su plena juventud. Por otra parte, Oseas 9:10 afirma: "Cuando encontré a Israel, fue como hallar uvas en el desierto; cuando vi a sus antepasados, fue como ver higos tiernos [los primeros frutos] en la higuera". Cada vez que vemos la higuera mencionada en las Escrituras, se refiere a Israel. Joel 2:22 señala: "No teman, animales del campo, porque los pastizales de la estepa reverdecerán; los árboles producirán su fruto, y la higuera y la vid darán su riqueza". La vid es la iglesia. Joel habla aquí acerca de un próximo avivamiento en el que ambos, la iglesia e Israel, serán bendecidos. Creo que nos estamos acercando a ese momento.

Entendido esto, podemos ver que el primer detonante fue en 1948 cuando, después de muchos siglos sin patria para el pueblo judío, Israel fue reconocido como nación por las Naciones Unidas. El Señor Jesús expresó esta palabra profética mucho antes de que eso sucediera. Explicaré más al respecto a medida que avancemos. Veamos el segundo disparador.

> Caerán a filo de espada y los llevarán cautivos a todas las naciones. Los gentiles pisotearán a Jerusalén, hasta que se cumplan los tiempos señalados para ellos.
>
> —Lucas 21:24

El segundo disparador, según Lucas 21:24, se manifiesta en Jerusalén. Este versículo muestra que la sede del Israel bíblico, la ciudad donde David estableció su trono, sería quitada de las manos de Israel y entregada a los gentiles por un período de tiempo determinado.

Estos acontecimientos son los dos disparadores bíblicos que dan lugar al fin de los tiempos. No tengo espacio para citar todo lo que Jesús dijo acerca de esto, por lo que lo resumiré. En Mateo 24 el Señor sale del templo los discípulos le muestran los edificios del templo y Jesús les dice: "¿Ven todo esto? Les aseguro que no quedará piedra sobre piedra, pues todo será derribado". El Señor se refería a la estructura del templo, no a las paredes circundantes.

Esto sucedió en el año 70 D. C., cuando Israel se rebeló contra el dominio romano y ese imperio atacó a la provincia para vengarse. El templo fue destruido y la ciudad cayó en manos de los gentiles, los que tomaron cautivo al pueblo de Israel y lo enviaron a otras tierras.

El estudio de los últimos tiempos es un tema emocionante y multifacético. La gente ha estado tratando de desentrañar sus misterios durante siglos. Mientras Jesús estaba sentado en el Monte de los Olivos, los discípulos le pidieron señales. "¿Cuándo sucederá eso, y cuál será *la señal* de tu venida y del fin del mundo?", le dijeron. El Señor les dio una lista de las que han estado ocurriendo durante mucho tiempo, pero hay una demasiado trascendente que indica en el versículo 14. En este versículo, el Señor señala algo muy poderoso que a menudo pasamos por alto: "Y este evangelio del reino se predicará en todo el mundo como testimonio a todas las naciones, y entonces vendrá el fin".

La predicación del evangelio en todas las naciones no podría haber ocurrido en los tiempos bíblicos; en esas épocas no existía la tecnología adecuada para hacerlo. Eso solo comenzó a ser una posibilidad con el surgimiento de la era de las computadoras e internet, y aún no hemos visto la plenitud de todo esto. Pero pronto llegará el día en que esa señal ha de cumplirse a cabalidad. Jesús no dijo que el evangelio será predicado y creído. Lo que dijo fue que "todas las naciones" oirán el evangelio como testimonio.

Luego, el Señor Jesús desarrolla el punto y explica lo que sucederá. En el versículo 21 dice que "habrá gran tribulación, como no la ha habido desde el principio del mundo hasta ahora, ni la habrá jamás". Sabemos que eso aún está por venir, se desplegará en el futuro. Y añade: "Si no se acortaran esos días, nadie sobreviviría, pero por causa de los elegidos [los salvos] se acortará". Eso todavía pertenece al futuro.

Ahora bien, en el versículo 24, como resultado de ello, el Anticristo, el enemigo de Cristo Jesús y su iglesia, entra en escena. Aquí es cuando comienza la gran tribulación. En los versículos 30 al 31, el Señor Jesús habla de su propia venida. Luego, el versículo 32 dice: "Aprendan de la higuera esta lección: Tan pronto como se ponen tiernas sus ramas y brotan sus hojas, ustedes saben que el verano está cerca".

Ahora les daré un poco de historia con el fin de explicarles las cosas. En Mateo 24:34 Jesús expresó lo que sigue: "Les aseguro que no pasará esta generación hasta que todas estas cosas sucedan". El Señor no habló de todas las generaciones; él se enfocó en una sola. Jesús habló acerca de generaciones de engaños, hambrunas, terremotos, guerras. Luego dice: "Aprendan de la higuera esta lección: Tan pronto como se ponen tiernas sus ramas y brotan sus hojas...".

El pueblo judío ha existido hace miles de años. ¿Qué hizo Israel (la higuera) en 1948? Fue reconocida como nación por las Naciones Unidas. Fue entonces cuando se estableció el Estado de Israel. Fue cuando aparecieron las ramas y las hojas de un árbol que ha estado allí por tiempos. Las ramas y las hojas no aparecen sin que las condiciones del árbol sean las adecuadas.

Jesús dijo que cuando veas que eso sucede, es una señal de que ocurre un crecimiento veloz, un cambio rápido en todo el árbol. Luego dijo: "Igualmente, cuando vean todas estas cosas, sepan que el tiempo está cerca, a las puertas" (Mateo 24:33). Así que 1948 es la puerta; es el comienzo de los últimos días. De modo que hemos estado en esos últimos días desde ese momento.

Es importante notar que él usó la palabra *aseguro*. "Les aseguro que no pasará esta generación hasta que todas estas cosas sucedan" (v. 34). *Aseguro* significa que lo que se dice es innegablemente cierto, que eso ocurrirá de manera puntual. Para entender lo que el Señor Jesús quiso decir con *esta generación*, debemos analizar Génesis 15. Ese es el único capítulo, en toda la Biblia, que nos da una respuesta clara sobre cuántos años hay en una generación.

En Génesis 15:2, Abram le pregunta a Dios: "Señor y Dios, ¿para qué vas a darme algo, si aún sigo sin tener hijos". Entonces Dios le hace contemplar el cielo, le muestra las estrellas, hace un pacto con él y le da la promesa. En los versículos 13 al 16 de ese mismo capítulo hay una clave escondida. Veámosla a continuación:

> El Señor le dijo: "Debes saber que tus descendientes vivirán como extranjeros en tierra extraña, donde serán esclavizados y maltratados durante cuatrocientos años. Pero yo castigaré a la nación que los esclavizará, y luego tus descendientes saldrán en libertad y con grandes riquezas. Tú, en cambio, te reunirás en paz con tus antepasados, y te enterrarán cuando ya seas muy anciano. Cuatro generaciones después tus descendientes volverán a este lugar, porque antes de eso no habrá llegado al colmo la iniquidad de los amorreos".
>
> —GÉNESIS 15:13-16

Dios acaba de decirnos que cuatrocientos años equivalen a cuatro generaciones.

Ellos están en esa tierra durante cuatrocientos años y regresan en la cuarta generación, diciéndonos claramente que según el estándar de Dios, *una generación son cien años*.

Armados con este entendimiento, podemos hacer algunas matemáticas simples. Si 1948 fue el comienzo, entonces agregar cien años significa que el final de esta generación será 2048. Nadie sabe el día ni la hora en que el Señor Jesús regresará. Sin embargo, podemos saber la temporada. ¿Cuánto tiempo te da eso desde que estás leyendo este libro? ¿Cómo será la vida dentro de un año o dos? Dicen que cada seis meses se duplica el conocimiento del mundo. Hoy el mundo está cambiando rápidamente. La tecnología está alterando de manera muy veloz la forma en que vivimos y, por cierto, aumentando las posibilidades de contraer enfermedades con ellas. Pero ese es un tema para otro momento.

Veamos algo más que el Señor Jesús nos está mostrando en las Escrituras. El segundo disparador está en Lucas 21:8-24. Lucas registra muchas de las mismas cosas escritas por Mateo, pero trata un aspecto completamente diferente de la conversación. Lucas pudo haber sido testigo presencial de eso, pero lo más probable es que haya recopilado esa información con otros mientras el Espíritu Santo lo guiaba. De esa manera, el Espíritu Santo nos dio el Evangelio de Lucas para brindar un panorama más amplio de la conversación.

En Lucas 21, los versículos 8 al 11 esencialmente repiten lo que se dijo en Mateo 24. Y en Lucas 21:12 el Señor Jesús identifica que esta profecía no es para nuestros días; fue para *su* tiempo.

> Pero antes de todo esto, echarán mano de ustedes y los perseguirán. Los entregarán a las sinagogas y a las cárceles, y por causa de mi nombre los llevarán ante reyes y gobernadores.
>
> —LUCAS 21:12

Eso no está sucediendo ahora, ¿o sí? Sucedió *entonces*. Ya ocurrió. Es cierto que hoy en día hay cristianos perseguidos en las cárceles, pero el Señor habla de personas entregadas a las sinagogas. Nadie va a una sinagoga para ser castigado hoy, pero antes lo hacían.

Jesús entonces habla de algo poderoso en Lucas 21:20.

> Ahora bien, cuando vean a Jerusalén rodeada de ejércitos, sepan que su desolación ya está cerca.

¿Cuándo sucedió eso? En el año 70 D. C., por lo que él todavía nos da el momento de esa profecía. Esta profecía no es para nuestros días puesto que Jerusalén no ha sido rodeada por ningún ejército, que sepamos, en los últimos dos mil años.

Entonces los que estén en Judea huyan a las montañas, los
que estén en la ciudad salgan de ella, y los que estén en el
campo no entren en la ciudad. Ese será el tiempo del juicio cuando se cumplirá todo lo que está escrito. ¡Ay de las
que estén embarazadas o amamantando en aquellos días!
Porque habrá gran aflicción en la tierra, y castigo contra
este pueblo.

—Lucas 21:21-23

Fíjate que él habla de la tierra de Israel, el pueblo de Israel.
No está hablando de un tiempo de tribulación mundial. Se
refiere a un tiempo en la tierra y al pueblo de Israel. Sabemos
que se refiere al pueblo judío.

El versículo 24 dice: "Cacrán a filo de espada". Y eso ocurrió.
Miles de ellos fueron asesinados por los romanos en el año
132 D. C. "Y [a ellos] los llevarán cautivos a todas las naciones".
Y, en verdad, se los llevaron. ¿Qué año fue eso? Los romanos
los expulsaron en el año 135 D. C. Bar-Kokhba tuvo su batalla
contra los romanos en el año 132 D. C. y tres años más tarde
los judíos fueron expulsados de Jerusalén por los romanos. No
solo se expulsó a los judíos, sino que también se les prohibió el
acceso, cumpliendo fielmente este versículo.

El versículo 24 continúa: "Los gentiles pisotearán a Jerusalén,
hasta que se cumplan los tiempos señalados para ellos". ¿Cuándo sucedió eso? En junio de 1967. Esa segunda parte del versículo se cumplió en 1967.

Dos profecías se cumplieron con precisión puntual. Primero, el versículo 20 dice que Jerusalén será rodeada por
ejércitos. Así fue en el año 70 D. C., cuando los romanos des-
truyeron el templo. Luego, después que la revuelta fue derro-
tada en el año 135 D. C., el pueblo judío fue completamente
expulsado de la tierra, cumpliendo el versículo 24. Luego,
desde el año 135 D. C. hasta 1967, la ciudad de Jerusalén no
perteneció a los judíos.

Yo tenía catorce años en 1967, cuando sucedió la Guerra de los Seis Días. Recuerdo a mi papá, que no era un hombre religioso en ese tiempo, entrando a la casa, mirando a nuestra familia y diciendo: "Ahora sí va a regresar Jesús". Nunca olvidaré esa noche mientras viva. Mi padre nunca mencionó a Jesús de esa manera, que yo recuerde, excepto esa noche cuando se hizo el anuncio en la radio de que Jerusalén estaba en manos del pueblo judío por primera vez en dos mil años. Nos quedamos atónitos.

La segunda mitad del versículo 24 habla de otro cambio. El Señor Jesús dice: "Los gentiles pisotearán a Jerusalén, hasta que se cumplan los tiempos señalados para ellos", y así fue. Luego, el versículo 25 afirma: "Habrá señales en el sol, la luna y las estrellas. En la tierra, las naciones estarán angustiadas y perplejas por el bramido y la agitación del mar". Todavía no hemos visto que el versículo 25 se cumpla. Apenas estamos comenzando a ver las orillas mismas del comienzo.

Los versículos 26 y 27 nos dicen que

Se desmayarán de terror los hombres, temerosos por lo que va a sucederle al mundo, porque los cuerpos celestes serán sacudidos ... Entonces verán al Hijo del hombre venir en una nube con poder y gran gloria.

Aquí el Señor Jesús nos dio una clave fantástica: Jerusalén. Ahora bien, hoy hay una batalla intensa, ¿sabes sobre qué? Sobre Jerusalén. El mundo está clamando que Jerusalén debe ser dividida. Bueno, tengo noticias para ellos: el Señor Jesús no va a volver a una Jerusalén dividida.

En los noticieros de hoy escuchamos hablar de la división de esa ciudad. Pero eso nunca va a suceder. Pueden hablar de ello todo lo que quieran. Eso no sucederá. Ariel Sharon tomó una decisión después que estableció la paz con Egipto, cuando entregaron el Sinaí. Él dijo: "Ahora no entreguemos Jerusalén también", y entonces comenzaron a construir asentamientos a su alrededor. Entregar a Jerusalén provocaría una guerra civil en Israel, porque ahora tienes otras ciudades alrededor de la ciudad. No puedes cambiar eso. No se puede expulsar a cientos de miles de judíos que viven en esos asentamientos. Eso provocaría un levantamiento como nunca se ha visto en dos mil años. Habría un derramamiento de sangre como nunca hemos visto en Israel, así que no sucederá. Jerusalén nunca será dividida, por mucho que lo crean y por mucho que el mundo lo quiera.

El profeta Zacarías, del Antiguo Testamento, dice que la última guerra ocurrirá a causa de Jerusalén, y millones de enemigos de Israel morirán. Déjame hablarte un poco de historia antes de continuar porque será muy intrigante para ti. Esto es lo emocionante que debes saber sobre 1948 y 1967. En 1948, según se informa, el gran general británico Bernard Montgomery dijo: "Les doy dos semanas antes de que los borren del mapa", porque había seiscientas mil tropas contra cuarenta millones de personas. Israel tenía un cañón —*un cañón*— contra cinco ejércitos con más armamento, tanques y aviones de los que puedas imaginar. ¿Adivina cuántos aviones tenía Israel? Uno. Uno solo. ¿Cuántas bombas había en el avión? ¡Cero! ¿Qué lanzaron desde esa aeronave? Botellas de refresco.

Has leído bien. Para ganar una batalla contra los tanques egipcios, usaron botellas de refresco. Los tanques se acercaron a la ciudad de Tel Aviv y no hubo forma de detenerlos. Así que los israelíes desplazaron un avión por los cielos y arrojaron botellas de refresco que emitieron un silbido al caer por el aire. Los tanques egipcios pensaron que eran bombas y huyeron. Así fue que Dios ganó la batalla, ¡con botellas de refresco!

En lo natural parecía imposible, ¡pero Israel todavía existe, está aquí! Dios realizó un milagro en 1948 e Israel asombró al mundo al ganar una guerra y convertirse en nación. ¿Quieres saber dónde está la unción de dominio hoy? *La unción de dominio reside en la nación de Israel.*

Habiendo dicho todo esto sobre 1948, quiero hablar un poco más sobre 1967. En ese año, comenzó —con una mentira soviética— lo que se conocería como la Guerra de los Seis Días. Los rusos querían probar que sus armas eran mejores que las estadounidenses y debido a la guerra de Vietnam, Estados Unidos estaba enfrentando dificultades. Así que los soviéticos decidieron mentirles a los sirios y decir que Israel los iba a atacar. Así empezó la guerra.

En ese momento, el presidente de Egipto —Gamal Abdel Nasser Hussein— hizo un acuerdo con los sirios de que si Israel atacaba a Siria, él defendería a este país. Los rusos, por su parte, convencieron al gobernante de que los israelíes iban a atacar a Siria y fue entonces cuando Nasser se fue a la radio y empezó a tocar los tambores de guerra. Cuando descubrió que el informe no era fidedigno, ya era demasiado tarde para detener los disturbios en las calles. Así empezó la guerra.

El resultado fue el cumplimiento de la profecía. La profecía de Dios se cumplió a través de la mentira de los soviéticos. Medita en eso. "Ciertamente la ira del hombre te alabará" (Salmos 76:10 RVR1960). Es asombrosa la manera en que Dios usa lo que sucede en la tierra para cumplir su Palabra.

El 1967 fue un año decisivo y desencadenante o disparador, como prefiero decir. Después de eso, los hombres fueron a la luna y vimos una explosión en la tecnología. El primer disparador, en 1948, trajo cambios en todo el mundo que aún afectan nuestras vidas. Y 1967 trajo más avances que siguen incidiendo en nuestras vidas hasta el día de hoy, incluida la tecnología, la comunicación y la medicina. Ahora nos enfrentamos a algunos acontecimientos aterradores.

COSAS POR VENIR

Lo que sucederá primero es la radicalización del clima. Puedes creer o no en el cambio climático, pero Isaías 24:5-6 dice lo siguiente:

La tierra yace profanada, pisoteada por sus habitantes, porque han desobedecido las leyes, han violado los estatutos, han quebrantado el pacto eterno. Por eso una maldición consume a la tierra, y los culpables son sus habitantes. Por eso el fuego los consume, y solo quedan unos cuantos.

La Biblia nos habla muy claramente acerca de los juicios venideros. Caerá granizo sobre la tierra, piezas que pesarán cuarenta kilos cada una. No importa si crees en el cambio climático o no. Lo que importa es lo que dice la Biblia acerca de los días venideros. En los últimos años, Australia ha soportado las temperaturas más altas de su historia, temperaturas que alcanzaron los 121 grados Fahrenheit (49 °C). Fenómenos como este ocurrirán en todo el mundo. No digo esto porque algunos científicos me lo hayan confirmado; lo digo porque lo leo en la Biblia.

El cuarto ángel derramó su copa sobre el sol, al cual se le permitió quemar con fuego a la gente. 9 Todos sufrieron terribles quemaduras, pero ni así se arrepintieron; en vez de darle gloria a Dios, que tiene poder sobre esas plagas, maldijeron su nombre ... Del cielo cayeron sobre la gente enormes granizos, de casi cuarenta kilos cada uno. Y maldecían a Dios por esa terrible plaga.

—APOCALIPSIS 16:8-9, 21

Ese es el cambio del clima al que me refiero: el sol y el calor abrasando a la gente y el granizo que pesa un talento, que son cien libras (casi 50 kilos). ¿Y qué hacen los hombres? Blasfemar a Dios por la plaga del granizo. Hay fuego abrasándolos y granizo matándolos y ¿qué hacen? Bueno, eso también es cambio climático.

Me guío por la Palabra de Dios, la cual dice que se avecinan cambios extremos en el clima. Y no importa lo que los gobiernos de todo el mundo acuerden hacer para frenar eso o detenerlo, los cambios llegarán. La legislación y los acuerdos hechos por los hombres no pueden impedir que la Palabra de Dios se lleve a cabo tal como él dijo que sucedería.

Veamos algo más que ya está sucediendo. Malasia ha estado implementando una sociedad sin dinero en efectivo. Ya no usan efectivo en Malasia. No solo eso, sino que hoy, en todo el mundo, ¿cuántas personas van más a un banco? Usamos computadoras, tarjetas de débito y aplicaciones en los teléfonos para pagar las facturas. Ahora estamos comenzando a entrar en el campo del dinero en efectivo electrónico, particularmente en lo que respecta a Bitcoin. Aquí tenemos la definición de Bitcoin: "Marca registrada en el Reino Unido, un tipo de moneda digital en la que se mantiene un registro de transacciones en nuevas unidades de moneda que se generan mediante la solución computacional de problemas matemáticos y que opera independientemente del Banco Central".

Eso ya está sucediendo. Hace unos años estaba en Sudáfrica, caminando por un centro comercial cuando vi máquinas por todas partes. Le pregunté a alguien para qué servían todas esas máquinas y me dijeron: "Es dinero digital". A lo que dije: "¿Qué?". Así que empecé a buscar información y quedé atónito al saber que estas cosas estuvieran pasando y yo ni siquiera lo supiera. Estamos entrando en una sociedad sin dinero en efectivo muy rápidamente en todo el mundo. ¿Y qué me dice eso? Que la marca de la bestia está casi aquí.

Tenemos Bitcoin y ahora están eliminando los pasaportes en Australia. Todos los aeropuertos de Australia cuentan con reconocimiento facial. Así que ahora, en Australia, tu rostro es tu pasaporte; y viene para todo el mundo. En todas partes del planeta están cambiando el tradicional pasaporte de papel por el proceso de reconocimiento facial. Eso se está imponiendo en muchas partes del mundo. En efecto, en Estados Unidos ya se está hablando de eliminar el departamento conocido como Administración de Seguridad en el Transporte (TSA, por sus siglas en inglés). A la luz del cierre propiciado por el COVID, están hablando de eliminar ese departamento y de incorporar el reconocimiento facial en los aeropuertos.

Veamos lo que dice Jesús en Lucas 18:1-8.

> Jesús les contó a sus discípulos una parábola para mostrarles que debían orar siempre, sin desanimarse. Les dijo: "Había en cierto pueblo un juez que no tenía temor de Dios ni consideración de nadie. En el mismo pueblo había una viuda que insistía en pedirle: 'Hágame usted justicia contra mi adversario'. Durante algún tiempo él se negó, pero por fin concluyó: 'Aunque no temo a Dios ni tengo consideración de nadie, como esta viuda no deja de molestarme, voy a tener que hacerle justicia, no sea que con sus visitas me haga la vida imposible'". Continuó el Señor: "Tengan en cuenta lo que dijo el juez injusto. ¿Acaso Dios no hará justicia a sus escogidos, que claman a él día y noche? ¿Se tardará mucho en responderles? Les digo que sí les hará justicia, y sin demora. No obstante, cuando venga el Hijo del hombre, ¿encontrará fe en la tierra?".

Siempre me ha asombrado esa declaración del Señor: "¿Encontrará fe en la tierra?". Ahora bien, observo esta porción de las Escrituras y empiezo a leer sobre la inteligencia artificial (IA, por sus siglas en inglés), que es esencialmente el hecho de que las computadoras están aprendiendo por sí mismas y resolviendo problemas que los humanos no pueden resolver. También he estado estudiando sobre la tecnología cyborg. Si no estás familiarizado con ella, la tecnología cyborg, en pocas palabras, es la combinación de biología y tecnología, actualizando nuestro antiguo entretejido (hardware) humano en consonancia con el electrónico. Se trata de extremidades mejoradas, ojos mejorados y, finalmente, órganos mejorados. Un experto ha dicho que más allá de las extremidades biométricas, ahora tienen algo llamado "tatuaje digital", que es básicamente un microchip que se puede incrustar en la piel. Ese mismo experto dijo que sería como poner un reloj Apple debajo de la piel, un reloj Apple subdérmico.

¿Cuándo sucederá esto? La tecnología, en su mayor parte, está a la disposición de cualquiera mientras escribo esto. Es una cuestión de cuándo se implementará a gran escala. La tecnología para hacerlo ya existe. Así que el sistema del Anticristo ya está aquí, esperando que se desate.

Estamos escuchando que la inteligencia artificial se encarga de trabajos peligrosos porque no quieren ver a las personas perjudicadas con esos tipos de trabajos. Ya está sucediendo; las máquinas lo están haciendo. La gente habla de resolver el cambio climático con inteligencia artificial. Las máquinas pueden hacer estudios que los humanos no podemos; los expertos dicen que la inteligencia artificial controlará el cambio climático para evitar que se produzcan fenómenos meteorológicos catastróficos. Piensa en la enorme cantidad de datos disponibles acerca de las actividades meteorológicas en todo el mundo y el hecho de poder procesar esos datos para luego predecir eventos futuros en base al pasado.

Las cosas están cambiando de manera muy rápida. Lo que ayer era de vanguardia, hoy está obsoleto. Tan pronto como se imprima este libro, algunas de las cosas que he escrito aquí perderán su vigencia. Cada día surgen nuevas tecnologías. Pero el punto que deseo establecer es que estamos más cerca de lo que pensamos en lo referente al sistema del Anticristo.

La Biblia nos dice que busquemos dos cosas en 2 Tesalonicenses 2:3:

1. Una gran apostasía
2. El "hombre de pecado" (Anticristo) siendo revelado

La apostasía ocurrirá antes de que este sistema del Anticristo esté en control total del mundo. Si observamos a nuestro alrededor, no es difícil ver que la apostasía ya ha comenzado. Basta considerar lo que está pasando en las iglesias hoy. El evangelio no se predica como antes. Ya no oímos hablar de la cruz, de la sangre, de la santificación, del arrepentimiento. Hay mucho universalismo en el ambiente y mucha predicación que afirma que todos irán al cielo. Cualquier sistema de creencias ajeno a los precedentes bíblicos es falso. La Escritura es nuestro parámetro perfecto. Estamos en una etapa en la que tenemos que contender nuevamente por la fe, como dijo Judas en su día, cuando negaban que el Señor Jesús era el Hijo de Dios.

Hoy, en nuestros tiempos, tenemos que lidiar con engaños perspicaces que se promocionan como verdad en todas partes. Lo escucho cada vez más y me preocupa. Algunas personas dicen que Dios es demasiado amoroso como para que envíe a la gente al infierno, por lo que todos van a ir al cielo. Gran cantidad de vendedores de ilusiones afirman que todas las personas son salvas, pero no lo saben. Sin embargo, tengo que volver a la Biblia.

Tenemos que pensar en nuestro destino en Cristo Jesús. ¿Qué nos dirá Cristo cuando estemos ante el tribunal del juicio final?

Capítulo 27

CLAVES PARA SELLAR TU VICTORIA

ORACIÓN. LA ORACIÓN es la llave maestra que abre la puerta a una vida victoriosa y a un ministerio poderosamente eficaz. Estos son tiempos peligrosos, pero no estamos desamparados ni sin esperanza. Tenemos la oración. Donde hay creyentes que oren, hay un Dios que escucha, listo para intervenir y equiparnos con todo lo necesario para recorrer este camino de fe. En Lucas 21:36, Jesús señala la oración como la clave para escapar de los días difíciles que se desarrollan ante nuestros propios ojos:

> Velad, pues, y orad siempre, para que seáis tenidos por dignos de escapar de todas estas cosas que sucederán, y de estar en pie delante del Hijo del hombre (RVR1960).

DIEZ CLAVES, EN LA ORACIÓN DEL SEÑOR, PARA SOBREVIVIR

La clave para sobrevivir es la oración. Sin embargo, el Padrenuestro contiene un conjunto completo de esas claves y es el patrón perfecto para la oración que Jesús nos dio. Cuando los discípulos se acercaron al Señor, como se registra en Lucas 11 y Mateo 6, y le dijeron: "Enséñanos a orar", Jesús les dio las claves más poderosas para sobrevivir a través de la oración más famosa de las Escrituras.

Clave 1

El Señor Jesús comenzó diciendo: "Padre nuestro" (Mateo 6:9). No se puede tener una vida poderosa de oración sin una relación con Dios. Cuando el Señor comenzó con las palabras "Padre nuestro", estaba hablando de algo significativo y poderoso. Solo a través del Espíritu Santo es que podemos tener esa relación personal con el Padre. En Romanos 8:15 y Gálatas 4:6, es el Espíritu el que dice "Abba Padre". La relación es clave. Lo primero que debemos desarrollar es una intimidad con Dios Padre.

Hoy, por desdicha, muchos creyentes carecen de esa relación y no la entienden. ¿Conocemos a Dios Padre? Mucha gente habla de Dios Hijo y de Dios Espíritu Santo, pero el Señor Jesús lo dejó muy claro: debemos tener una relación con el Padre. Y eso solo puede suceder a través de Jesús. Dios no escucha a aquellos que no tienen relación con él. De modo que debemos desarrollar nuestra relación con Dios Padre.

Clave 2

Jesús dijo: "Que estás en el cielo" (v. 9). Aquí habla de nuestra ciudadanía; tenemos que reconocer que somos ciudadanos del cielo. Debemos orar desde la perspectiva de que nuestra ciudadanía está en gloria. Sabemos, por las Escrituras, que somos ciudadanos del cielo.

> En cambio, nosotros somos ciudadanos del cielo, de donde anhelamos recibir al Salvador, el Señor Jesucristo.
> —FILIPENSES 3:20

En el primer instante de nuestra salvación nos convertimos en ciudadanos del cielo con todos los derechos pertinentes. Si eres estadounidense, tienes derechos hoy como ciudadano de Estados Unidos. Sin embargo, tenemos mayores derechos como ciudadanos del cielo. Para establecerte como ciudadano del cielo, debes desconectarte de la tierra. Mira al cielo. "Concentren su atención en las cosas de arriba, no en las de la tierra", dijo el apóstol Pablo en Colosenses 3:2.

Cuando pones tus afectos en las cosas de arriba, te desconectas de la tierra. Es imposible desconectarse de ella si sigues mirándola y continúas considerando lo que ella representa. No tengo ningún interés en nada que el mundo ofrezca porque eso me conecta con la tierra.

Cuando veo personas conectadas con las cosas terrenales, sé que no han abrazado su ciudadanía celestial. Dios quiere que seamos verdaderos ciudadanos del cielo y los ciudadanos del cielo se interesan con el cielo, no con la tierra. Estamos en el mundo, no somos de él, simple y llanamente.

> Por lo tanto, ustedes ya no son extraños ni extranjeros, sino conciudadanos de los santos y miembros de la familia de Dios.
>
> —Efesios 2:19

Es probable que digas: "¿Cómo me desconecto de la tierra?". Deja de mirar las cosas que están por debajo de tu ciudadanía celestial. Deja de involucrarte en los asuntos de esta vida. Es bastante simple. Todo el mundo sabe desconectarse. Solo desconéctate. Apaga al mundo.

Clave 3

Debes forjar tu adoración. "Santificado sea tu nombre" (v. 9). Eso es adoración. Es entrar en el ámbito de la adoración. No solo debemos desarrollar nuestra relación y nuestra ciudadanía, también debemos desarrollar nuestra adoración.

Clave 4

Jesús dijo: "Venga tu reino" (v. 10). Eso significa que puse los intereses de Dios antes que los míos. "Venga tu reino" tiene que ver con la destrucción del reino del mal en mi vida. Significa que no debo tener ninguna conexión con lo satánico, ninguna relación con la carne. Soy responsable de sacar lo malo de mi vida. La llegada de su reino *a mi vida* es lo que el Señor quiso decir cuando indicó: "Venga tu reino". ¿Cómo llega su reino a mi vida? Al yo desechar los demás reinos que embargan mi vida. Así que no permito influencias demoníacas ni conexiones mundanas. Cierro la puerta y me alejo de cualquier cosa que perturbe el reino de Dios en mi vida.

Hay cristianos que miran la inmundicia y piensan que no tiene nada de malo. Esa es una puerta de entrada a lo demoníaco. ¡Golpea esa puerta y ciérrala! ¿Cómo puede estar el reino de Dios en ellos si ven cosas malas y las meten en sus ojos, que son las ventanas de sus almas? No digo que solo puedas ver películas bíblicas pero, por favor, no mires películas mundanas ni demoníacas ni leas material en libros o revistas que den lugar a la impiedad en tu vida. Tienes que hacer un pacto con tus ojos y decir: "No miraré esto. No leeré esto. Simplemente no lo haré". Termina con todo eso.

Sé que cada vez es más difícil hacer eso debido a internet pero, en última instancia, es tu decisión. *Es tu responsabilidad.*

Clave 5

Jesús dijo: "Hágase tu voluntad" (v. 10). Esto significa que tenemos que conocer su Palabra. No puedes conocer su voluntad sin conocer su Palabra. Eso es absolutamente imposible. Cuando el Señor dijo: "Hágase tu voluntad", lo que estaba expresando era que: "Es hora de que conozcas su mente. Es hora de que conozcas su voluntad revelada, que es la Biblia". Después que conoces su mente, su voluntad, entonces puedes hacer tu petición con confianza.

Clave 6

Jesús dijo: "Danos hoy nuestro pan cotidiano" (v. 11). No puedo orar de manera efectiva a menos que (1) lo conozca, (2) conozca mi ciudadanía, (3) conozca la adoración, (4) viva en el reino y (5) conozca su mente, su voluntad. Entonces, y solo entonces, mis ruegos, mis peticiones son escuchados porque lo siguiente que dijo Jesús es: "Danos hoy nuestro pan cotidiano". Esto me dice que una vez que tenga la relación correcta, la ciudadanía correcta, que haga la adoración correcta, que aprecie bien su reino y aplique su Palabra a mi vida, puedo presentar mis peticiones.

Filipenses 4:6 dice que Dios quiere saber los detalles de tus necesidades. La Escritura dice: "Por nada estéis afanosos, sino sean conocidas vuestras peticiones delante de Dios en toda oración y ruego, con acción de gracias". Ahora, cuando Pablo dijo "sean conocidas", se refería a decirle a Dios los detalles de tus peticiones.

La mayoría de las personas comienzan a hacer peticiones incluso antes de saber con quién están hablando. Ese es el problema. Tenemos que desarrollar lo que acabo de escribir. El Señor Jesús puso eso perfectamente en orden. Dijo que no podías hacer peticiones hasta que todo estuviera en su lugar. Lo que sigue es hacer tus peticiones.

Clave 7

Después que presentes tus peticiones, las que Dios escuchará, haz lo que Jesús dijo: "Perdónanos nuestras deudas" (v. 12). ¿Qué significa eso? Esto es realmente muy poderoso. Es lo único que trae respuestas a las peticiones. Haces tus pedidos y luego perdonas para recibir respuestas a ellos. Si no perdonas, puedes olvidarte de obtener respuesta. Puedes orar todo lo que quieras, pero si no haces lo que el Señor dijo que hicieras, no tendrás buenos resultados.

Clave 8

Jesús dijo: "No nos dejes caer en tentación" (v. 13). Después del perdón viene la liberación, lo que significa que no volvemos a hacer eso. No lo confesamos más ni seguimos hablando de eso, porque sería una evidencia de que aún no somos libres. La verdadera liberación sigue a todas las demás cosas en la oración de Jesús.

¿Cómo puedes ser liberado si no conoces a Dios, si no conoces tu ciudadanía, si no desarrollas tu adoración y si no te comprometes con los principios que te acabo de mostrar? Sin obediencia total, no hay manera de ser libre. Te mantendrás viviendo en un antiguo reino hasta que decidas que estás listo para obedecer completamente a Dios.

Clave 9

Jesús dijo: "Líbranos del maligno" o del mal (v. 13). Esa es una oración de fortaleza. Al pronunciarla recibimos liberación de las asechanzas del diablo. Entonces es cuando somos capaces de resistir al diablo.

> Así que sométanse a Dios. Resistan al diablo, y él huirá
> de ustedes.
> —Santiago 4:7

Clave 10

Jesús oró: "Porque tuyo es el reino, y el poder, y la gloria" (v. 13). De esta manera, él vuelve a sellar la oración con alabanza. La alabanza termina nuestro proceso. Le damos gracias, lo alabamos, bendecimos su nombre por escucharnos.

Estas diez claves estratégicas te mantienen a salvo y aseguran tu longevidad. Así que doy por concluida esta enseñanza sobre los misterios de la unción puesto que acabo de darte las claves que te ayudarán a salir victorioso en esta vida. Tienes todo lo que necesitas y, si usas lo que has aprendido, puedes vencer por el poder de Cristo y su unción en ti, aun durante estos tiempos peligrosos.

Misterios de la unción revelados

Los misterios de la unción ahora se revelan, verdades que te lanzarán a nuevas y gloriosas alturas. No puedes construir mucho sin herramientas. Ahora tienes las que necesitas para forjar una vida poderosa y con propósito, así como también para iniciar un ministerio potente marcado por la unción de Dios. Es la unción lo que hace la diferencia.

Deseo que te animes a forjar un caminar diario, significativo e íntimo con el Señor. Esto es de suma importancia y fundamental en el mensaje de esta enseñanza. Ahora posees las llaves para desbloquear el potencial ilimitado que Dios ha puesto dentro de ti.

Al acercarnos al final de este libro, vemos que el tema de los misterios de la unción es tanto amplio como profundo. Cuando viste este título por primera vez, creo que despertó tu interés; ya que tienes un deseo sincero de una mayor manifestación de la unción de Dios en y sobre tu vida.

Confío en que a medida que estas páginas te ayuden a entender la unción de Dios, conozcas mejor este poder de lo alto y que lo uses para la gloria de él. Ruego que internalices lo que has aprendido aquí, lo uses cada día y continúes avanzando a una relación más profunda con él, de modo que disfrutes de su presencia y su poder que es puro y personal, y puedas andar en el constante flujo de su preciosa unción.

> Y a aquel que es poderoso para guardaros sin caída, y presentaros sin mancha delante de su gloria con gran alegría, al único y sabio Dios nuestro Salvador, sea gloria y majestad, dominio y poder, ahora y siempre. Amén.
> —Judas 24-25 RVR1960

Amén. ¡Ven, Señor Jesús!
> —Apocalipsis 22:20

NOTAS

Capítulo 1

1. C. H. Spurgeon, *El tesoro de David* (CLIE).

Capítulo 9

1. "Intro: Prayer," Life Church Bradford, www.lifechurchbradford.com.

Capítulo 25

1. "The Goose" (Jan Hus), Lutheran Press, www.lutheranpress.com.
2. "I Felt My Heart Strangely Warmed," Journal of John Wesley, www.ccel.org.
3. John Wesley, "Free Grace. A Sermon Preached at Bristol," Evans Early American Imprint Collection, www.quod.lib.umich.edu.
4. Joe Iovino, "God Is With Us", www.ee.umc.org.
5. Randall Herbert Balmer, *Encyclopedia of Evangelicalism* (Baylor University Press, 2004).
6. Albert B. Simpson, "A Missionary Cry", hymnary.org.
7. Charlotte Elliott, "Just as I Am, Without One Plea," hymnary.org.
8. Billy Graham, "What's 'the Billy Graham Rule'?," Billy Graham Evangelistic Association, billygraham.org.
9. Richard Roberts, *He's a Healing Jesus* (Oral Roberts Evang. Ass.).
10. Ernie Keen, "'Only God Can Heal' Oral Roberts Tells Souls Crusade Audience Here," Tulsa World, tulsaworld.com.
11. También el título de un libro de Richard Roberts acerca de su padre (Albury Publishing, 1996).
12. Evelyn Roberts, *His Darling Wife, Evelyn*, (Dial Press, 1976).
13. "Alpha Rex Emmanuel Humbard (1919–2007)", Encyclopedia of Arkansas, https://encyclopediaofarkansas.net.
14. Michael Pollak, "Evangelista Rex Humbard fallece a los 88 años", *New York Times*, www.nytimes.com.
15. "Alpha Rex Emmanuel Humbard," TVDays, www.tvdays.com.
16. "Faith & Support," Rex Humbard Foundation, rexhumbard.org.

Benny Hinn

Buenos días, Espíritu Santo

INCLUYE GUÍA DE ESTUDIO

«Si estás listo para iniciar una relación personal con el Espíritu Santo que vaya más allá de cualquier cosa que hayas soñado, sigue leyendo».

—Benny Hinn

Cuando *Buenos días, Espíritu Santo* entró en escena, alcanzó —de inmediato— los primeros lugares de popularidad y ventas, con lo que redefinió el pensamiento del creyente acerca de su relación con el Espíritu Santo.

En *Buenos días, Espíritu Santo* el pastor Benny Hinn comparte los recursos y verdades que Dios le ha enseñado a través de los años. Empezando con un dramático encuentro, este libro revela la transición —poco común— de Hinn hacia un entendimiento del Espíritu Santo y el compañerismo con él. Complementado con una guía de estudio para usar en forma personal o en grupo *Buenos días, Espíritu Santo* te llevará a descubrir:

- La manera de identificar la voz del Espíritu Santo
- Los siete pasos para una vida de oración más efectiva
- La fuente y propósito de la unción de Dios
- La libertad del miedo al pecado «imperdonable»
- El plan maestro de Dios para tu vida

BENNY HINN nació en Jaffa, Israel. Es un reconocido evangelista, maestro y autor de éxitos de librería como *Los misterios de la unción* y muchos otros. Su programa televisivo —«¡Este es tu día!»— es uno de los más vistos del mundo transmitido en más de doscientos países. Se desempeña como ministro internacional desde hace más de cuatro décadas y ha predicado el evangelio cara a cara, y a través de la televisión, a millones de personas.

CASA CREACIÓN
Para vivir la Palabra
www.casacreacion.com
 /casacreacion

Te invitamos a que visites nuestra página web, donde podrás apreciar la pasión por la publicación de libros y Biblias:

www.casacreacion.com

Para vivir la Palabra